JN100812

これからの教師のための思考法

失敗から学ぶ

監修 石井英真

編著 宍戸寛昌
長瀬拓也

著 豊田哲雄
樋口綾香
樋口万太郎
松井恵子
丸岡慎弥

東洋館出版社

まえがき

　学校現場に入ると、たくさんの失敗や上手くいかないことに出合います。多くの書籍には、「こうすれば上手くいく」といった成功するための事例が掲載されています。私にとって、効果的なときもありましたが、上手くいかないときもあり、最初は何が失敗の原因かも分かりませんでした。自分なりに様々な教育方法がフィットしてきて、なんとか教師としての仕事が務まるようになるまでには、長い年月を要しました。

　同じように、多くの先生は、学校現場で上手くいくために成功事例から学ぶという学習行為を繰り返しながら教師として成長しているのではないかと考えています。しかし、その成功事例に至るまで、実践者は、数々の失敗の積み重ねによってなされたものだといえます。

　多くの場合、諸先輩の失敗やつまずき、しくじりを分析し、自分自身の教育実践に生かすといった学びをすることはありません。

　そこで、学校現場での成功事例から学ぶだけではなく、失敗事例から学ぶという教育実践学の考えがあってもよいのではないかと考えるようになりました。

　理論編は長瀬が、実践編は宍戸をはじめ、普段は成功事例を多くもつ実践者の方々にお願いしました。また、解説と監修を石井英真先生にして頂きました。

　本書を通して、若い先生のみならず、教師を目指す方、ベテランの先生など、多くの方にとって、よりよい教師としての成功ではなく、成長のあり方を考える一冊になればと考えています。

編著者　宍戸寛昌・長瀬拓也

CONTENTS

第3章 ————————————————————
学級づくりの失敗

第6章 ────────────────────────

解説編

第**1**章

理論編

プロローグ

（1）だれもが避けて通りたい失敗

失敗、ミス、つまずき、落ち着かない、話を聞かない、学級崩壊、授業不成立…。

どれもすてきな言葉ではありません。できることなら、こうした上手くいかないことから逃れたいのは私だけではないでしょう。

私の初任者時代の頃のことです。

3月から4月のはじまりまでは、不安より希望の方が強くありました。しかし、学校がはじまってみると、クラスの子どもたちは落ち着きません。私語が止まず、喧嘩も多くありました。毎日必死で暮らしていたのを覚えています。自信はすっかりなくなりました。

それからの数ヶ月、つらくて、つらくて、逃げ出したい気持ちでいました。夏休み中も、「このまま2学期になったら、かなりまずいな」と思っていました。

　そんなとき、手にしたのが、家本芳郎監修、佐藤正寿著「授業のアイデア3・4年授業を楽しむコツ70」（ひまわり社）でした。とにかく、わらをも掴む気持ちで夢中で読んだことを覚えています。何より、この本のタイトルを見てまず、思いました。
　「楽しんでいないな…」
と。この本との出会いによって、**上手くいかないことも楽しもう**と思い始めるきっかけになりました。

　夏休みにセミナーに参加し、学んだことを授業に生かしながら、1学期にしたことを一つひとつていねいに分析していきました。声のかけ方、伝え方、授業づくりなど、ほとんどゼロから学び直しました。そして、少しずつクラスが落ち着いていきました。ただ、毎日が必死だったので、表現はよくないかもしれませんが、「何とか一年間を生きのびた」感覚でした。失敗も成功も入り混じった状況でした。

　その後も支援を要する子に出会ったり、クラスが上手くいかなくなったりしたこともたくさんありました。「どうしたらいいのだろう」と常に悩み、考えていました。初任者のときのように、一つひとつ細かく分けて取り組み、上手くいったと感じた年もあれば、上手くいかなかったこともありました。一年が長く感じた年もありました。

　こうした経験を繰り返す中、学会の発表の際、大学のゼミの先生に、**「できなかったことを明らかにするといいよ」**とアドバイスを受けたことがありました。

どれだけ準備や努力を重ねても、**失敗やミス、上手くいかないことは必ず起きます。**

しかし、こうした**失敗を分析していくと、自分の実践を見つめ直すことができる**ようになるのではと考えるようになりました。

このことは、立命館小学校の糸井登さんにも教えてもらいました。成功例を伝えるのではなく、失敗例を伝えることは、周りの共感を得られ、「○○すると失敗する」ことがわかるのは、周りの人にとってもよい学びになると知りました。

(2) 失敗こそ次の実践への手掛かりになる

多くの教育実践や教育研究は、成功した事例です。書籍の多くは「○○すると上手くいく」という成功事例集です。

しかし、2020年の新型コロナウィルスによる社会不安の中で、何が成功か、何が正しいかが揺らぐ事態になりました。これからの教育実践を含めた教育学は、いかに成功するか、いかに失敗しないようにするかを目指すだけではなく、**失敗をすることは当たり前であり、そこからどのようにリカバリーやフォローをしながら成長することができるかを考える必要がある**のではないでしょうか。

このことは、教員志望者の減少と、職員室の若年齢化、教員の働き方の問題など、様々な要因が絡んでいます。こうした様々な要因が新型コロナウィルスによる社会不安の中で炙り出されたと言ってもよいかもしれません。

また、失敗は教訓にもなります。今までの教師生活を振り返ると、私は、幸運だなと思っています。なぜならどの職場に行ってもベテランの先生に恵まれていたからです。経験に裏打ちされたまさに職人肌の先生は、授業のつくり方のみならず、生き方も学ぶところが多くあります。背中から学ぶことができる存在でした。

しかし、職員室が若い先生ばかりのところもあります。そうなると、こ

うしたベテランの先生に出会うことは少なくなり、どうしても目の前のことに捉われがちになってしまいます。つまり、**学校の仕事は徒弟的な「見て学ぶ」ものだったのが、「見て学ぶことができない」となりつつあるため、学び方を変える必要が出てきている**ということです。そのため、**自分自身で自分の失敗やつまずきをポジティブに受け止めながら分析し、次に生かすということが大切**になります。

　失敗をする、上手くいかないということは、次の実践の手掛かりになるのです。

(3)「失敗は成功の母」にするために科学的に分析する

　失敗はだれもが避けて通りたい道であり、過去をさらけ出したくないものです。本当に失敗だったと思い出すことは、心の中をさらけだすことにもつながり、胸が痛くなります。そのため、失敗はなかなか表には出てきません。

　しかし、失敗を恥や忌み嫌うものではなく、ポジティブに次に生かすためには、**失敗を分析し、応用する科学的な方法が必要**です。そこで出会ったのが畑村洋太郎さんの「失敗学」の考えでした。

　本書は、畑村さんの失敗学の考え方を生かしながら、教育実践における失敗をいかに分析し、次に生かすことができるかを読者の皆さんと一緒に考えていきます。

(4) そうは言っても失敗は嫌ですよね

「失敗しても大丈夫」
と言われても、やはり、失敗や上手くいかないことが続くのは嫌でしょう。そして、「失敗しても大丈夫」と開き直られても周りとしては困ってしまいます。

論語には、
「子曰、過而不改、是謂過矣」（…子（し）曰（いわ）く、過ちて改めざる、是（こ）れを過ちと謂（い）う）という言葉があります。

孔子は、過失、つまり、あやまちをしても、そのままにしておくことが過失であり、改めれば過失（あやまち）とは言えないと述べています。

人は失敗をしないように、当然がんばります。しかし、大切なことは、失敗をしても過度に落ち込まず、それをくりかえさなければよいのです。

これからくわしく述べますが、**「失敗を最小限に抑え、問題を広げていかないこと」**がとても大切です。そして、**「失敗したことが、結果的に自分や子どもたちの成長につなげていくこと」**ができればよいのです。

失敗した瞬間は嫌なものです。しかし、**自分自身の人生を変えるようなエポックメーキングになる可能性**もあります。

そのため科学的（論理的）に失敗を分析し、次への実践の一歩にしてほしいと願います。

(5) 若手を支える先生に伝えたいこと

管理職の先生をはじめ、若手を支える方に伝えたいことがあります。

それは、**失敗を成長につなげていく雰囲気**をつくってほしいということです。

失敗はだれもがします。失敗をしたとき、そのことを冷静に分析し、乗り越えていくために、周りがいかに支えていくかがポイントです。

私の初任者時代、私の周りの先生も保護者も温かく見守ってくれました。放課後、教室を掃除している私を見て「よくがんばっているな」と副

校長先生に声をかけてもらったことは今でも忘れません。

　また、初任者時代ではないですが、教頭先生が「彼は熱心ですよ。大丈夫ですよ」と保護者に声をかけてくれていたことを後で知ることもありました。

　失敗を乗り越えられるのは、その本人だけですが、支えることはできます。ぜひ、その先生が立ち上がることができるような職員室づくりを心がけてほしいと思います。

失敗を成長に生かす考え方

（1）失敗こそ、成長への糸口になる

「失敗しても大丈夫だよ」と言われても、実際は、だれもが失敗したくないと考えています。

高井（2007）の調査によれば、「**失敗を恐れる気持ちや、失敗したことをくよくよ考える**といった『**失敗懸念**』の傾向は、男性よりも女性の方に強い傾向がみられ、発達的変化の視点からは、青年期に最も強く、加齢に伴って弱まっていく傾向」があるといわれています。そのため、大学を出たばかりの20代の若い先生には「失敗懸念」は特に強いのではないではないかと考えています。

「失敗懸念」（失敗を恐れる気持ち）は、個人の問題だけではなく、社会の問題でもあると捉えることができます。藤原（2014）は、**「正解主義」が教育界に蔓延している**とし、「『正解主義』とは、物事には必ず正解があると信じる宗教のような態度」であると述べています。学校教育の中で、必ず正しい答えがあると考え、その答えを求めながら教師になった方がほとんどです。また、石井（2020）は、「近年、実践的指導力重視の教員養成改革が展開する中、それが**即戦力重視へと矮小化され、実務家として実践できること（コンピテンシー）、あるいは教育公務員としての組織人的**

な責任感や態度（まじめさ）が過度に強調されているように思われます」
と述べています。さらに、「教育雑誌や教育書は、まとまった論理的な文
章でまとめられたものというよりも、図解ヴィジュアル重視で頁数も一頁
あたりの文字数も減り、内容もどんどん手軽なもの、柔らかいものになっ
てきましたが、近年、そもそも教育雑誌が存続できなくなり相次いで廃刊
されている状況は、問題の深刻さを示しているように思います」とも述べ
ています。

　また、教師の労働のあり方も問題になっています。OECD 国際教員指導
環境調査（TALIS）2018 によれば、**日本の教師の仕事時間は諸外国に比
べ、最も多いこと**が明らかとなっています（文部科学省 2018）。また、
2020 年の 8 月には、Twitter で「＃先生死ぬかも」のハッシュタグをつけ
た呼びかけが話題となり、一万を超える投稿がありました。嶋崎（2020）
は、「指針を活用し正確な労働時間把握の徹底」の必要性を訴えています。

　こうした即戦力重視の志向と労働時間の多さ、多忙さが拍車をかけ、**社
会全体で、失敗することが許されない雰囲気**を作り出しているといえるの
ではないでしょうか。それが教育書という目に見える形で表れ、先輩教師
の実践を、時間をかけてていねいに読みながら分析するというよりは、手
軽で、誰もができるハウツー（How to）のものへと変わるきっかけにつ
ながっています。

　しかし、実際は子ども達一人ひとりが異なる存在で、家庭環境も様々で
す。容易にパターン化できるものではありません。さらには、2020 年か
ら起きた新型コロナウィルス感染拡大のような社会的不安も重なり、一つ
のことに「うまくいった」と正解や成功を感じても、次もうまくいくかは
わかりません。そして、新型コロナウィルスへの対応を見ていると、何が
正解で何が失敗かもわからなくなっている社会になっているともいえま
す。

　そのため、根本的な改善を考えるなら、「**自分の知識、技術、経験に他
者の知恵や技術もつなげて思考しながら、『修正主義』で判断し行動でき**

る人間」（藤原 2014）がこれからの社会には求められます。

　そのため、**失敗こそが教師としての成長の糸口になる**のです。

(2) 失敗はあなただけの問題か—失敗を定義する

　そもそも、「失敗」とは何でしょうか。

　「失敗学」を世に広めた畑村（2005）は、失敗とは、「**人間が関わって行うひとつの行為が、はじめに定めた目的を達成できないこと**」または、「**人間が関わってひとつの行為を行ったとき、望ましくない、予期せぬ結果が生じること**」としています。そのうえで、「**失敗の特性を理解し、不必要な失敗を繰り返さないとともに、失敗からその人を成長させる新たな知識を学ぼう**」という趣旨で「失敗学」を提案しています。

　畑村が述べるように、失敗を「恥」として考えるのではなく、むしろ、前向きに捉えることが必要です。畑村の『失敗学のすすめ』（講談社文庫）を読むと、東京大学工学部の体験的に失敗から学ぶ学習プログラムについての記述があります。これを読み、私が教師養成に置き換えて想起したのは、教育実習でした。教育実習の醍醐味は、「**授業が上手くいかないという失敗を学ぶ**」ことではないかと考えています。知っていることと実際にやってみることでは大きく異なります。模擬授業とはちがい、子どもたちの様々な状況に戸惑います。しかし、**授業が上手くいかない、失敗するという経験がその後の授業づくりに大きく生かされます**。逆に、教育実習で、授業が比較的上手くいったり、ミスが少なかったりしたら、「私、結構上手くできるかも」と自分の力を錯覚する可能性もあります。まさに教育実習のよさは失敗を学べることが一番ではないかと考えます。

　そのうえで、学校現場に出たら、教育実習よりもさらに状況が異なり、戸惑いや混乱が生まれ、担任や授業者としてミスをします。これは学校現場の現実と向き合うことから、**リアリティ・ショック**（山崎 2012）と呼ばれます。

　さて、こうしたリアリティ・ショックから生まれる失敗は、その担任や授業者だけの問題でしょうか。畑村（2005）は、「**失敗は階層性がある**」とし、ピラミッド型の図で説明しています。畑村によれば、ピラミッドの

出所　畑村洋太郎（2005）『失敗学のすすめ』講談社 P.63

　底辺は、日常的に繰り返される小さな失敗原因であり、無知や不注意、誤
判断、検討不足などが挙げられます。これは、失敗した個人に責任がある
ケースです。しかし、ピラミッドが上に上がっていけばいくほど、**「失敗
原因は社会性」を帯びたもの**へと変わり、失敗の規模、与える影響も大き
くなります。

　たとえば、「2 年担任の初任者の A 先生（23 歳）に対して保護者から電
話でのクレームが続いている」という事例が起きたとします。その保護者
に対する A さんの無知や不注意、誤判断からくる失敗はあったでしょう。
しかし、A さんをフォローできていない学校側の失敗もあります。さらに
言えば、学校側にも対応できないような未知の部分の問題もあるかもしれ
ません。しかし、畑村は大きな失敗が起きたとき、**「不注意など個人の責
任にされがち」**と述べています。

　そのため、失敗が起きたとき、**全てを抱え込むのではなく、冷静に失敗
の事例を分析し、自分ができるところから改善していくこと**が大切です。

(3) 失敗学に学ぶー失敗の背景にあるもの

　畑村（2005）は、失敗の原因を大きく 10 に分類しています。
　10 の分類を表にすると次頁のようになります。

失敗原因の分類

責任		項目	原因
個人性 ↑	①	無知	予防策や解決方法がすでに知らされているが、**本人の不勉強**によって起きる失敗
	②	不注意	**十分な注意をしていれば、問題はないが、それを怠ったために**起きる失敗
	③	手順の不順守	**決められた約束事を守らなかったために起こる失敗**
	④	誤判断	状況を**正しく捉えなかったり、判断の間違いを**おかしたりすることから生まれる失敗
	⑤	調査・検討の不足	判断する人が**知っていなければいけない知識や情報をもっていない、または不十分な検討から起こる**失敗
社会性 ↓	⑥	制約条件の変化	はじめに想定した制約条件が**時間の経過とともに変わり、思ってもみなかった形で好ましくないこと**が起こる失敗
	⑦	企画不良	**企画ないし、計画そのものに問題がある**失敗
	⑧	価値観不良	自分ないし自分の組織の価値観が、**まわりと食いちがっている**ときに起こる失敗
	⑨	組織運営不良	**組織自体がきちんと物事を進めるだけの能力を有していない**ケースでの失敗。組織の長が失敗を失敗と認識できないため、大きくするケースもある。
	⑩	未知	**世の中の誰もが、その現象にいたる原因を知らないために起こる**失敗

出所　畑村洋太郎（2005）『失敗学のすすめ』講談社 P.63、Pp.71-75 をもとに著者作成

　このようにして見ると、担任の個人的な問題からくる失敗だけでは解決できないものもあることに気づきます。

　そのうえで、畑村（2005）は、**「失敗のハインリッヒの法則」**と呼ぶべきものが存在しているとしています。大きな失敗が1つあれば、その裏には、必ず軽度のクレーム程度の失敗が29つ存在し、さらにはクレーム発生には至らないまでも、社員が「まずい」と認識した程度の潜在的失敗がその裏には、必ず300件あるというものです。畑村はその根拠に「**放っ**

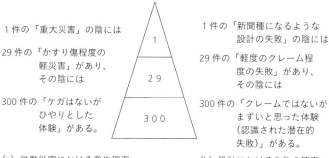

1件の「重大災害」の陰には

29件の「かすり傷程度の
　　　軽災害」があり、
　　　その陰には

300件の「ケガはないが
　　　ひやりとした
　　　体験」がある。

1件の「新聞種になるような
　　　設計の失敗」の陰には

29件の「軽度のクレーム程
　　　度の失敗」があり、
　　　その陰には

300件の「クレームではないが
　　　まずいと思った体験
　　　（認識された潜在的
　　　失敗）」がある。

(a) 労働災害における発生確率
　　（ハインリッヒの法則）
　　（1：29：300の法則）

(b) 設計における失敗の確率

ハインリッヒの法則
（労働災害の発生確率から類推した設計における失敗の顕在化の確率）
　　出所　畑村洋太郎（2005）『失敗学のすすめ』講談社 P.87

ておくと**失敗は成長する**」という失敗がもっているひとつの特性を挙げます。そのため、畑村（2005）は、「**まずいという体験があったときになんらかの防止策を打つことができればよいが、それを放置していくと、さらに失敗が大きな形で表れ、最後は致命的失敗に成長してしまう**」と述べています。裏を返せば、「**しっかりとアンテナを張り巡らせば、必ず失敗の予兆を認識できるし、それに対して適切な対応をすれば、大きな失敗の発生を防ぐことも十分に可能**」です。「理屈として考えれば、これほど簡単な失敗回避の対策はありません」というように、ある程度予測し、対応が可能になります。担任の仕事を長くしていると、そうした失敗予測が経験と共にできることが増え、ベテランの先生がいれば、ある程度の予測を知らせてくれます。しかし、若い先生はそうした予測がしづらいため、失敗原因をこうした表をもとに分類しながら考えることは有効です。

（4）失敗を知識化することで次の失敗を防ぐ

　畑村（2005）は、失敗は使える知識に変換しないと、次の失敗の防止に役立てられないと述べています。しかし、「失敗情報には知識化を阻害する様々な性質」が次のようにあると述べています。

・失敗情報は伝わりにくく、時間が経つと減衰する

　津波の石碑には慰霊を目的とするだけではなく、教訓的な意味合いが込められたものがあり、「ここより下には家を建てるな」という類の言葉が書かれたものも少なくない。しかし、その下に家が立っているように、一度は経験した失敗がごく短期間のうちに忘れられ、再び同じ失敗を繰り返すことが珍しくない。

・失敗情報は隠れたがる

　失敗はつい隠したくなるものである。徹底した調査・検討を行うことで、白日の下にさらされていたら、再び同じ失敗を繰り返されることもない。大企業が意図的に一部のクレーム関連書類を隠蔽し、リコールや改善対策を怠っていたことが発覚した自動車会社のケースはその典型である。

・失敗は単純化したがる

　失敗情報が伝達経路をたどっていくとき、その経路や原因が極めて単純な形でしか伝わらない。一つの失敗には複数の原因が絡んでいることが多いが、これが一つのフレーズで単純化され、伝えられるべきものは限られる。

・失敗原因は変わりたがる

　失敗情報が伝わると都合の悪い人もいれば、この情報を使わないと困る人がいるという構図があり、伝達される情報に自分の利害を入れる人もいる。こうしたことが数回繰り返されると失敗情報と元々のものとは全く違った情報になる。

・失敗は神話化しやすい

　「悲劇の○○」というように、失敗は神話化しやすい。戦艦大和のような悲劇的な物語性のある失敗情報は、神話化して多くの人に伝わる傾向にあるが、一面的な見方に偏ってしまいがちで、そのまま正しく知識化することは難しい。

・失敗はローカル化しやすい

　ひとつの場所で起こった失敗は、ほかの場所へは容易に伝わらない。失敗そのもののネガティブな印象から失敗の情報が人に伝わると

「自分たちの仕事に不利になる」などと考え、隠す行動が無意識に起こる。同じ原理で「失敗情報は組織内を上下動しない」という性質もある。

出所　畑村洋太郎（2005）『失敗学のすすめ』講談社　失敗情報の伝わり方・伝え方 Pp.93-109 を著者が要約、作成

　そのうえで、畑村（2005）は、失敗情報を人に正しく伝達するためには、「**客観的失敗情報では役に立たない**」と考えるべきだと主張します。つまり、「**他人の失敗に学び、そこから新しいなにかを生み出そうと考えたときに、まず人が知りたいのは、誰に責任があったかということより、失敗したその人がどんなことを考え、どんな気持ちでいたかという、第一人称で語られる生々しい話**」であり、自由な気持ちで失敗を語り、それを知識化することが大切なのです。そして、知識化するために、畑村（2005）は、「**必ず結末にいたるまでの脈絡を自分で把握する必要**」があるとし、そのために、「事象」「経過」「原因（推定原因）」「対処」「総括」「知識化」の六項目（これに加えてさらに「背景」）による記述を通して、脈絡をはっきりさせる必要があると述べています。

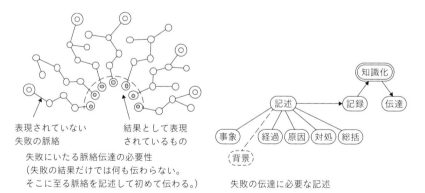

表現されていない
失敗の脈絡

結果として表現
されているもの

失敗にいたる脈絡伝達の必要性
（失敗の結果だけでは何も伝わらない。
そこに至る脈絡を記述して初めて伝わる。）

失敗の伝達に必要な記述

畑村洋太郎（2005）『失敗学のすすめ』講談社 P.116

(5) 失敗を分析することが教育実践で難しい理由

畑村が述べる失敗が知識化を阻害する性質に加え、失敗を分析することが難しい理由として、教育実践の特有の問題があります。それは、**教育実践は、失敗の評価が難しい**ところです。

学習者の健康安全に影響するような失敗など、評価があまり別れないもの、つまり、だれが見ても失敗だと思うものもあります。しかし、当事者が失敗だと考えていても周りはそのようには考えないというように、評価が分かれることが多くあります。

たとえば、「子どもが静かに話を聞かない」という事例があった場合、それを失敗だと考える人もいれば、「元気があってよい。大丈夫だ」と考える人もいるでしょう。こうした失敗への評価が難しく、その失敗をなおざりにしてしまうことによって、「子どもが授業を放棄するような状態になった」というように、だれが見てもよくないと感じるような大きな失敗につながってしまう可能性があります。

つまり、畑村が失敗原因として挙げている**「⑧価値観不良」が教育実践においては大きく左右するため、失敗の解決を難しくさせます**。これは、6年生を多く担任していた先生が初めて1年生を任されたときにうまくいかなくなったり、ちがう学校に異動して今までの学校と同じようにいかなくなったりすることにも関係します。

しかしながら、他の業種と比べて、当事者の自由度は高く、最終的な判断や実施は当事者である担任や授業者に委ねられます。つまり、**当事者である担任（または授業者）が、小さなミスや失敗と考えたものをていねいに分析し、それを次に生かしていけば、大きな問題に直結することは少なくなる**と考えられるのです。

(6) 初任者にありがちな失敗の背景

長瀬（2009）は、教師という職業の特徴の一つとして、「思いがけない仕事＝イレギュラー」が起きやすい特徴があると考えました。

そのうえで、長瀬は初任者を苦しくしている理由として次のように考えました。

---

1. 次から次へと来る仕事
↓

2. 軽重を考えることなく、すべて一生懸命取り組む。
↓

3. 仕事に追われ、緊急性の高い仕事もこなせなくなる。
（イレギュラーを招く。）
↓

4. たくさんのイレギュラー（保護者・子どものトラブル）が発生
↓

5. 対応が後手に回る。
↓

6. 問題の拡大、仕事の増加

出所　長瀬拓也（2009）『教師のための時間術』黎明書房 P.33

　つまり、畑村の「失敗原因」でいえば、「不注意」を起こす原因として、**多忙化の中で、仕事に軽重をつけることができず、全てを抱え込んでしまう問題**をあげています。そのため、**「何を今すべきかを考える」**ことが失敗の防止にもつながります。
　ここまでの理論編を図式化すると次頁のようになります。

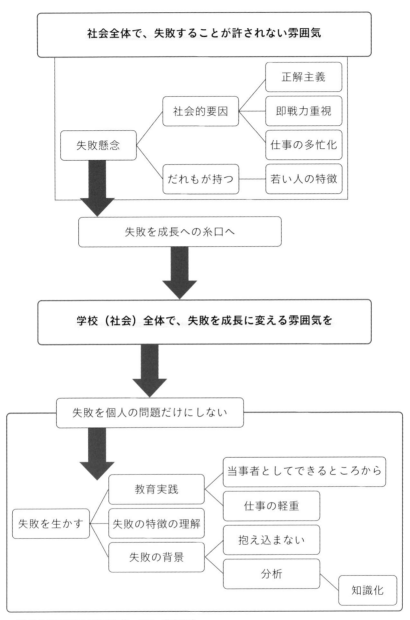

「失敗を成長に変える意識転換」出所　著者作成

(7) 実践編を読む前に伝えたい 10 のコツ

　いよいよ、これから実践編に入っていきます。先輩たちの失敗事例をご自身の実践に生かしてほしいと考えています。そこで、「実践編を読む前に伝えたい 10 のコツ」として、読むときの視点や考え方を紹介します。

1. 先輩教師のせきららな失敗からヒントを読み解こう

　先ほど述べたように畑村（2005）は「**必ず結末にいたるまでの脈絡を自分で把握する必要**」があるとし、そのために、「事象」「経過」「原因（推定原因）」「対処」「総括」「知識化」の六項目による記述の必要を述べています。

　今回の失敗事例では、畑村の記述を参考にしながら、教育実践の特有の問題も考えて、

①**無知**………………本人の不勉強

②**不注意**……………注意の怠り

③**手順の不順守**………約束事を守らない

④**誤判断**………………状況を正しく捉えられていない

⑤**調査・検討の不足**…必要な情報の欠如

⑥**制約条件の変化**……時間の経過とともにルールの変更

⑦**企画不良**……………計画そのものに問題

⑧**価値観不良**…………組織との価値観の相違

⑨**組織運営不良**………組織における進行力の不足

⑩**未知**…………………世の中だれもが知り得ない状況

の 10 の項目と、「その後」として、失敗の後、教師としてどのように成長したのか、どんなことを学んだかについて書いてもらいました。

　さらに

・**自分の内面**……そのとき、自分はどんなことを考えていたか

・**職場の雰囲気**…失敗をしたときの職場の様子はどうだったのか

・**子どもは**………教室の子どもたちの様子はどうだったのか

といった観点でその原因を詳しく考えてもらいました。

そして、

・**内面のリフレーミング**…どのように考え、失敗と向き合ったか
・**同僚のフォロー**…………困っている自分をどのように助けたか
・**出合った言葉**……………苦しいとき、支えとなった言葉は何か
などを書いてもらっています。

　苦しいとき、支えとなった言葉や先輩たちの声かけが若いときとても心の支えとなったことがあります。私は学級や授業がうまくいかなかったとき、先輩の先生がラーメンを食べに連れて行ってくれました。そのことは10年以上たった今でも覚えています。今の私は、先輩たちの年に近づいてきています。たとえば20代の読者の皆さんにとっても10年、20年経てば、こうした先輩たちの姿に近づいていきます。そのため、失敗の当事者のみならず、組織の一員として周りがどのようにフォローするかもぜひ学んでほしいものです。

　また、失敗が成長につながる一つとして、「**出合った言葉**」は大きなヒントになると思っています。

　何気ない言葉や声かけ一つで大きなヒントを得ることがあります。こうした言葉に実は出合ってはいるのですが、大きな失敗やつまずきをしないと心の中に入ってこないことがあります。失敗によって気づかされることもあると思います。

　こうした先輩教師のせきららな失敗にはヒントが隠されています。ぜひ、ヒントをひもとくつもりで読んでください。

2. 失敗懸念が強い先生は、まず安心してほしい

　教師の仕事は一人で行うことが多いです。そのため、失敗の原因を全て自分のせいにしてしまう若い先生も多いかもしれません。

　もちろん、

・**無知**
・**不注意**
・**手順の不順守**
・**誤判断**
・**調査・検討の不足**

といった個人のミスもあるでしょう。

　しかし、学校という組織の中で行われているため、一人の努力では防ぎきれない問題も多くあります。そのため、

- **抱え込まないこと**
- **自分ができるところから一つずつ取り組んでいくこと**

が大切です。

　もっといえば、

先輩教師もたくさんミスをして今がある

ということです。

　この失敗事例を書いている先生たちは、書籍を書いたり、講演会で話したりする先生もいます。とても優秀な方々です。しかし、こうした先生たちにも初任者時代があり、たくさんのミスをしてきました。みんな失敗をしながら成長したことを知って、安心してほしいと思います。

3．失敗懸念が弱い先生は、むしろハッとしてみよう

　一方で、失敗懸念が弱い先生もいらっしゃいます。

　失敗を恐れない気持ちがあることは悪いことではありません。しかし、小さなミスが起きても、**「大丈夫だ」と捉えてしまい、問題を拡大させてしまうこと**もあります。

　そういう先生と出会うと、「もっとこうした方がいいよ」とアドバイスすることがあるのですが、「いえ、私は、こうしているので問題がありません」と断られてしまうことがあります。自分に自信があることはよいことですが、**価値観がずれていたり、周りが見えていなかったりする場合**もあります。

　逆に失敗懸念があるということは、謙虚に物事を考えることにつなげることができます。

　畑村（2005）は、「なにも学ぶことができず、単なる不注意や誤判断などから繰り返される失敗は、それが個人しか影響を与えない小さなものでも、明らかに『悪い失敗』です。本人にとってはまったく意味のない経験で、これを繰り返すことは、**いたずらに失敗を重ねる悪い癖を身につけることになりかねないからです**」と述べています。

そのため、あまり失敗したことがないと考えている若い先生は、**失敗事例を見ながら、「ハット」としてほしい**と思います。畑村が述べるように、「ヒヤリ」「ハット」する小さなミス、失敗の体験は非常に多くあるはずです。そこで、失敗事例を見ながら、今までのご自身の実践にそうした「ヒヤリ」「ハット」がなかったかを考えてみてください。

4．先輩の失敗を自分なりに分析してみよう

　先輩教師の失敗の事象や経過を読んだら、自分なりに失敗の分析をしてみましょう。
　たとえば、
・失敗の根拠はどこにあるのか
・失敗原因の何にあたるのか
・自分だったらどのように失敗したことと向き合うのか
と、**失敗の分析をしていくと、今後、自分自身が経験する類似の失敗と向き合うこと**ができます。
　そのため、失敗を他人事にせず、自分事として考えると、自分の成長に生かすことができます。

5．先輩教師はどのように立ち直ったのかを知ろう

　失敗事例の原因や対処、総括を読みながら、先輩教師はどのように立ち直ったのかを知ることが大切です。

　失敗をするとだれもが落ち込み、反省をします。
　しかし、大切なのがその後です。**そのまま落ち込みすぎるのではなく、次にどのように生かすかがポイント**です。
　そこで、失敗をどのように克服し、成長につなげたかを知り、自分の成長に生かしてみましょう。

6．自分との共通点を見つけてみよう

　失敗事例を読むと、
　「この人、自分に似ているな」

と思うことがあるかもしれません。

　失敗事例を読むと、自分と似たような失敗をする先生に出会うことがあります。こうした**自分との共通点を見つけながら読むと自分のこととして考えること**ができます。つまり、失敗事例の模擬体験が可能になります。失敗をあえてすることはできませんので、自分との共通点を見つけて取り組みながら**シミュレーションすることで補うこと**ができます。

　逆に全くちがったアプローチをしている場合を知ることもあります。
　自分にはなかなかできない解決をした人も出てくるでしょう。

　こうした**相違点を見つけること**も大切です。

　失敗をすると、「本音の自分」に出会います。
　逃げ出したくなる気持ちも自然に生まれます。
　そうした中で、先輩教師はどのように向き合ってきたかを知ることから、**自分自身に生かせるコツ**を手に入れることができます。

7. 自分だったらどのようにフォローするか（立場を変えて）

　学校現場で失敗をしたとき、周りのフォローはとても大切になります。今は経験が少なくても、10 年、20 年経てば、フォローする側になっていきます。
　そこで、**失敗事例を読んだら、自分だったらどのようにフォローできるかを考えること**もとても大切です。

　失敗が起きたとき、その人の問題であると責めるか、組織全体の問題としてフォローするかによって、職場での対人関係は大きく変わります。問題や失敗を責める人は、その理由として「目の前の子どもたちにとってマイナスになるからよくない」と述べるかもしれません。しかし、責められ、教師が萎縮したら子どもたちの成長にもつながりません。何より、そうしたことを繰り返すと、失敗を認めない雰囲気が生まれます。さらに

は、そうした人が失敗や問題を起こしてもだれもフォローしなくなっていくでしょう。

　現在、チーム学校という考え方が広がっています。チームになって生徒指導をはじめとする諸問題に向き合っていくという考え方です。

　そのため、失敗が起きたとき、うまくいかないような事例が起きたとき、どのようにフォローし、サポートできるかを考えることによって、学級経営に留まらず、学年経営や学校運営にも考えが広がるきっかけになるでしょう。

8.　自分で失敗を振り返ってみよう

　失敗事例を学んだら、自分自身の失敗を振り返ってみましょう。

- **事象・背景**……………どんな失敗が起きたのか、または背景は何か
- **経過**…………………どのようにして失敗が起きたのか
- **原因**…………………考えられる原因は何か
- **自分の内面**……………そのとき、自分はどんなことを考えていたか
- **職場の雰囲気**…………職場の様子はどうだったのか
- **子どもは**………………教室の子どもたちの様子はどうだったのか
- **対処**…………………どのように失敗を克服したか
- **内面のリフレーミング**…どのように考えていたか
- **同僚のフォロー**………自分をどのように助けたか
- **出合った言葉**…………苦しいとき、支えとなった言葉は
- **総括**…………………失敗の本質は何か
- **知識化**…………………この失敗から学ぶべきこと

について記述しながら振り返ります。

　ただし、注意してほしいことは、**毎回小さなミスまで書いていたら時間がかかり、余計に仕事を増やしてしまいます**。かえって、この記述の作業をすることによって大きな失敗を招きかねません。

　そのため、小さなミスをしたら、失敗原因の 10 のどれにあたるかを考

えて、そのためにどんなことをやっていけばよいかを書くだけでもよいでしょう。

　大切なことは、**記述することが目的ではなく、記述を通して、自分の行動を分析して、自分自身の成長に変える**ことです。

9．同じ失敗を繰り返さないようにしよう

　失敗の本質は、繰り返して大きな問題になってしまうことだといえます。そのため、小さなミスを振り返り、分析しながら次の手を打っていくことが大切です。

　そのため、失敗に対して、抱えすぎず、強気になりすぎずの姿勢がとても大切です。

　私は、「**自分が上手くいっていると思ったときが要注意**」と考えています。なぜなら、ミスが見えていない可能性があるからです。そして、うまくいっているときは、自分の状況を変えようとはしないので、意外と成長していないのではないかと考えています。

　そのため、同じ失敗を繰り返さないように心がけながら、小さなミスが起きていないか、改善できるところはないかを振り返っていくことが大切です。

10．失敗を楽しもう

　失敗は必ずだれもがします。大切なことは、その後です。
・**失敗を失敗として捉えていくか。**
・**失敗を成長の手がかりとしていくか。**
では、大きなちがいがあります。

　そのため、**失敗事例を生かし、「失敗から学ぶ」姿勢を大切にし、楽しむぐらいの気持ちが必要**です。

（8）最後に──全ては子どもたちのために

　失敗を成長に生かす最大の目的は、子どもたちのためだといえます。教育実践はこちらが思ったこととはちがうことが多く生まれます。それは、

ある意味では失敗と言われるかもしれません。しかし、別の言葉でいえば、多様性が生まれるということです。

　坪田（2008）は、「子どもを見る目で、最も大切で最も難しいのは、子どもの内に何か見所があり、一見してはなかなか気付かないが、努力を重ねていくうちに、きっと将来芽を出すに違いないだろう子を見出すことだ。そして、そんな子を引き揚げてやることだ」と述べています。

　こちら側からの求めに対して答えてくれる子ばかりを育てていくことは正解主義の考え方であり、直線的で単一的です。高度経済成長期のときのように目標がはっきりしていた時代にはよかったかもしれません。

　しかし、今は、**多様な答えが求められ、曲線的で複合的な時代**だといえます。子どもたちもより多様になってきています。

　そのため、失敗をしながら学んでいこうとする教師の姿勢は子どもたちにとって**安心感を与える**のではないかと思います。なぜなら、子どもたちはたくさんミスをして、大きくなっていくからです。

　もちろん、成功事例から学ぶこともたくさんあります。

　しかし、失敗から学ぶような「○○すれば必ずうまくいく」ではない学び方も必要ではないかと考えます。

引用参考文献

高井範子（2007）『青年期および成人期における忍耐力と失敗懸念に関する研究』太成学院大学紀要

藤原和博『教育界にまんえんする「正解主義」を超えて「情報編集力」のある子どもを育てる』論座
　https://webronza.asahi.com/journalism/articles/2014040600003.html（2020 年 8 月 17 日閲覧）

嶋崎量『＃先生死ぬかも　の先につなげたいこと〜長時間労働是正に向けた取組み〜』
　https://news.yahoo.co.jp/byline/shimasakichikara/20200817-00193533/（2020 年 8 月 17 日閲覧）

石井英真（2020）『授業づくりの深め方：「よい授業」をデザインするための 5 つのツボ』ミネルヴァ書房

山崎準二、辻野けんま、榊原禎宏［著］（2012）『「考える教師」―省察、創造、実践する教師』学文社

畑村洋太郎『失敗学のすすめ』（2005）講談社

長瀬拓也（2009）『教師のための時間術』黎明書房
坪田耕三（2008）『和顔愛語』東洋館出版社
長瀬拓也（2011）『失敗・苦労を成功に変える教師のための成長術―「観」と「技」を身につける』黎明書房

ブックガイダンス

　失敗事例をまとめた書籍について類書はなかなか見当たりませんが、教師の失敗と成長を考えるうえでおすすめする書籍は次のものです。

今津孝次郎（2012）『教師が育つ条件』岩波書店

　教師の質とは何か、そして教師をどのように育てるかについて書かれており、第4章の「教師が育つ環境」では教師が人との「出会い」によって成長していく意義について書かれている。

小幡肇（2003）『やれば出来る！子どもによる授業』明治図書出版

　奈良女子大学附属小学校に長年勤務した小幡肇の実践記録である。子どもによる授業を目指し、詳細な授業記録と研究者による分析が掲載されている。ていねいに実践を読み解くことができる。

長瀬拓也（2011）『失敗・苦労を成功に変える教師のための成長術―「観」と「技」を身につける』黎明書房

　初任時代の失敗やつまずきについての記録をもとにどのようにすれば成長につなげることができたかを考察している。

片山紀子［監］長瀬拓也・伊田勝憲［編］（2020）「実践・事例から学ぶ生徒指導」

　生徒指導の成功例のみならず、失敗例も書かれ、基礎から学べるようになっている。

新任教師の失敗・苦労に
お答えします

　若い先生、特に、新任の先生の中にはとても苦労されたり、失敗に悩んだりされている人は多いと思います。そこで、ここでは新任の先生、または若手の先生にインタビューを行い、そこで出てきた失敗や苦労、悩みについてアドバイスしていきます。

新任教師の失敗、苦労にお答えします①

距離が近すぎて、ダメなときにしっかり叱ることができなかった。

　新任の先生の学級づくりで困っていることはありませんか（ありましたか）と聞くと、

- 規律を整えることが出来なかったため、学級がガチャガチャとしていた。
- クラスでトラブルが多く、一つひとつ対応していると、また次のトラブルが起きる状況だった。
- 生徒との人間関係
- 甘やかし過ぎて児童の好き放題になり、担任の言うことをあまり聞

> かなくなってしまったこと。友達関係みたいになってしまったこと。

といった意見がありました。

　これは、多くの若い先生、特に初任者の先生が感じていることかもしれません。ある研修会でも同じような質問が出ていたことを思い出します。

　うまくいかない、または失敗してしまう原因として、

・叱ることはよくない、つまり、教育的失敗であるという先入観。

・叱ることで児童生徒との関係を崩したくないという失敗への不安。

があるのではないかと考えます。私自身もそうですし、今でもそのように感じることがあります。

　しかし、そのままにしておくと、子どもと先生との距離が質問にもあったように曖昧になってしまい、指導が入りにくくなります。

　そのため、上手くいかなった後は、

・叱る基準をしっかり決めておく

ということをよく考えるようにしています。

　つまり、

・命や安全に関わること

・人権に関わること

・仲間を傷つけること

は厳しく注意、指導するようにし、子どもたちにも伝えています。

　また、授業と休み時間は別人格のつもりで子どもたちと接するようにすることもあります。「チャイムで先生も気持ちを切り替えます」と伝えるのです。

　できることなら叱ることは避けたいものですし、叱ってばかりだと子どもも先生も疲れてしまうので、叱る基準を自分の中に決めておくようにし、叱り方に5から10ぐらいのレベルを意識しています。

　それでもブレてしまい、失敗してしまうことがあります。そういうとき

ほど、自分を見つめ直す機会だと前向きに考えるようにしています。

新任教師の失敗、苦労にお答えします②
何がわからないかわからない一年目だったため、毎日忙しかった。優先事項もはっきりしないため何からやればよいかわからなかった。

　この質問を書いた先生は、この後にこのように書いています。
「わからないことはどんどん聞くことが大事だったなと思います。」
　どんなことでもいいから、聞く。最初の頃は、「何をしていいかがわからない」こともあるので、「何をしたらいいかわからない」と言ってもよいと思います。他には、

> ・いつまでも時間があるような働き方をしていました。手当たり次第に目の前の仕事をやっていて、力配分も順序もわかりませんでした。話の長い先生へのうまい返し方ができず、気づけば９時…ということも。
> ・隙間時間を上手に使えなかった。宿題をチェックする時間などが上手く確保できなかった。
> ・本当は授業準備などしたいが、忙殺されて、自分は何がしたいのかわからなくなる。
> ・授業づくりが疎かになっていたが、他の業務で残業し過ぎてしまったこと。判断が遅かったこと。

といった、似たような悩みを書かれている方も多くいました。
　若い頃、私自身も同じような悩みを抱えていました。当時は一人暮らしをしていたことも関係しているのかもしれませんが、ずっと夜遅く、休日も学校で仕事といった生活をしていました。
　しかし、時間をかけたからといって必ずしもうまくいくとは限りません。

そうした中で、**時間のかけ方がポイント**ではないかと思うようになりました。

そこで、宿題のチェックにはどれぐらいの時間がかかるかを調べたことがありました。そして、できるだけ限られた時間の中で、ベストの結果になるように工夫しました。赤ペンでのコメントをどれぐらい入れるのか、丸の付け方はどのようにするかまで考えたこともあります。

つまり、**終わる時間を決め、それまでの限られた時間で計画的に進める**ことを目指したのです。

もちろん、学校では様々なことが起きるので、計画的に進めようとしてもうまくいかないこともあります。しかし、計画を立てているか、いないかでは、時間のかけ方、取り組み方が変わってくるものです。

家族ができ、子どもが小さいとさらに取り組む時間は限られていきます。しかし、そうした中でも何とかできるのは、重要な仕事は何か、今しなければいけない仕事は何かを考えて取り組むことが少しずつできるようになったからだと思います。

そのうえで、若い頃に読んだ本田直之さんの「レバレッジ・シンキング 無限大の成果を生み出す４つの自己投資術」（東洋経済新報社）は大変参考になりました。

新任教師の失敗、苦労にお答えします③

授業の進め方も、板書やノート指導も、何をどうしたらいいか１からわからなかったです。次の日の授業で精一杯でこの単元で何の力を…など考えることもできませんでした。

１日に担当する授業が５つあり、それが月曜日から金曜日まで続けば、単純計算で週に 25 時間分の授業をしなければなりません。日々溜まっていくテストの丸つけや日記の返事、行事や会議と忙殺される日々で、いったいいつ授業の準備をすればよいのでしょう。この他にも

- 子どもの思考が予想できないから、どこでつまずくのかわからず、準備に時間がかかる
- 理科を担当しているが、準備が辛い

という意見もありました。準備なしによい授業ができる方法はありませんが、授業の準備を効率的にするコツであれば、いくつかあります。

① 45分をユニットに分けて考える

　日々の授業を授業案のように4段階にきっちり分けたり、最初から最後までを一つの流れとして考えたりすると、途端に準備がつらくなりませんか？ 45分を10分×4くらいか、15分×3のユニットとして考えると、ずいぶん楽になります。ユニットに分けることで、子どもの集中力が切れる前に次の活動に移れますし、授業の骨子を全30分程度と考えておくことで子どものよさを見取り、承認する余裕も生まれます。国語であれば最初の1ユニットは漢字ミニテストか音読、2ユニットで一人学びの課題を設定し、3ユニットで話し合って共有という枠を設定しておけば、1時間の構想は5分もあれば考えることができます。

②子どもと教材研究を行う

　新しい単元に入る前には、じっくり教材研究をする時間を取りたいものです。国語の物語であれば、大まかな場面の展開を押さえるだけでなく、細かい表現の工夫にも目を通しておきたいし、書籍を読んで先行実践も集めておきたい。そのうえで各時間の勘所を把握して、骨太の単元を構想していくことが、豊かな学びには必要不可欠です。

　…このように述べてはみましたが、全教科の全単元でそんなていねいな準備なんて不可能ですよね。そこでお勧めしたいのが、子どもと教材研究を行うことです。先生方もご存知の通り、教材研究や単元計画は、やればやるほど勉強になるうえに、どんどん面白くなっていくものです。この素

材と格闘する時間を教師が独占して、美味しいところだけ切り取った加工品のような活動を子どもに行わせるのは本当にもったいない。「物語のどの場面に絞って話し合いたいか」「この物語の面白さを伝えるにはどんな言語がよいか」のように、子どもが授業に参加するだけではなく、参画していく機会を作っていきましょう。課題解決どころか、課題把握・設定の段階から教材に真剣に向き合うことになるので、子どもが主体的に取り組むのはもちろん、教員側にとっても子どもの様々な発想にふれ、授業観や指導観を広げるよいチャンスとなります。

　授業に関する悩みには、他に

- 児童のレベルに合わせた授業づくりに困っていました
- 生徒の実態把握が足りないため、資料づくりで彼らにあったものが提示できない

といった意見が寄せられていました。学力はもちろん、興味の方向や好みの学習スタイルまでちがう数十人の子どもの全てに対応したいと考えるのは教師の誠実さの表れではありますが、子どもを救う考え方ではありません。ここは、授業の仕組み自体を変えることで個に応じていきましょう。

①共有（ピア・モデリング）の機会を多く設ける

　たとえば、作文は活動による個人差が生まれやすいものですが、なかなか書き始めることのできない子どもに先生がつきっきりになるのはよい方法とはいえません。言葉を尽くして説明するよりも、先行して書き上げている子どもの作文をコピーして渡した方が効果的なのです。書けない子ども自身がつまずきに気付き「こうすればいいのか」と見通しをもって書き始めるはずです。互いの活動を可視化する場面をたくさん設定し、進んで困りごとを解決できるように仕組んでいきましょう。

　子どもがわからない、困ったと感じたときに、教師にしか助けを求められない状況は、教師の負担を増すだけでなく、子ども同士の横のつながりが弱くなることにつながります。授業の中で困ったときに「教えて」「いいよ」と言い合える関係性をつくることは、学級経営にも役立ちます。個に応じた授業づくりはもちろん大事ですが、個である子どもが自らマッチングしていく方法を教えることも必要なのです。

新任教師の失敗、苦労にお答えします④

生徒指導について、いつ、どのように指導すべきか、タイミング、場面がわからないので結局言えずじまいなことが多い

　生徒指導場面にも多々ありますが、何かしら問題行動があった際どのように対症療法的な指導をするかが、先生方の悩みの多くを占めるのではないでしょうか。

> ・物を隠すなどの悪い行動に対して、その場で厳しくクラスの問題として取り上げられなかった
> ・叱ることに頼りすぎたなと感じます

といった他の悩みからもそのことがわかります。これらの悩みの8割は、指導するタイミングと指導方法の区別に気をつけることで、子どもが成長するよい機会に変えることができます。

①聞くときは聞き、指導するときに指導する

　じっくり本人の事情を聞いてから指導しようと思っていても、休み時間

の合間や掃除の時間といった短時間だと、「何でやったの！だめでしょ！」と解決することのみに意識が向いてしまいがちです。その場ではうまく指導できたと思っても、放課後に保護者から苦情の電話が来て、聞き取りからやり直しになることも。こういった結果を避けるためにも、聞き取りの場面と指導の場面は完全に分けた方がよいでしょう。教師が落ち着いて聞こうとする構えをとると、子どもも素直に心情を吐露します。その結果、指導の場面では自分の行動をすでに反省していて、あらためて言う必要がないことさえあります。また、複数の子どもから事情を聞いた後に指導する場合にも、各人の話を聞いてすり合わせをしてから、何をどう指導するか考えた方が、的を射た対応ができるはずです。

②全体の指導では「怒らず叱る」「話さず語る」

　怒ることと叱ることのちがいは広く理解されていることでしょうが、教師側が使い分けていても子どもにとって一緒であれば意味がありません。教師に強い言葉や怖い態度で指導されたという印象ばかりが強くなり、何をしたからどう叱られたのかという内容の方を忘れてしまうことでしょう。こういった指導が続くと、威圧的な態度で人に接することの効果が子どもの中で強化され、教師の前では大人しく、子ども同士だと居丈高な態度を示すようになるはずです。ですから、子どもを叱るときにはゆっくりと教え諭すように、真剣に語ることが大切になります。淡々と、ではなく切々と語る教師の姿勢にこそ、子どもの心は動くことでしょう。また、全体に指導する場面では、全員を巻き込むことが必要です。子どもがそれぞれの立場で当事者意識をもって教師の語りを聞くことができるよう、問題となる事例の状況やもつ意味をかみ砕いて説明することがその大きな手立てとなるはずです。

③個別の指導では行動の誤りに気づかせ、人間性を認める

　「罪を憎んで人を憎まず」とはよく言ったもので、1対1で子どもを指導するときには、取り上げる内容を行動面に絞るべきです。「暴言を吐い

た」「友だちを泣かせた」といった問題行動は、子どもの判断やコントロールがうまくいかなかっただけで、今すぐにでもあらためることができます。ですから、子どもも間違ったことをしたとすぐに納得し、次からはやらないようにしようと反省できるのです。しかし、「あなたはいつもそう」「何回言ってもわからないのね」などのように、問題行動の原因をその子どもの人間性に求めると、途端に子どもの態度は頑なになります。むしろ、「友だちを叩いてしまったのは悪い行動だけれど、あなたは本来優しい子どもなのだから、次からはしないようにしよう」という論理で指導をしなければ、行動の改善にはつながらないでしょう。

④保護者とは正面ではなく、横に立つ

・たくさんの保護者から応援してもらって力をもらった反面、家で私の悪口を言い、あることないこと言ってくる親子に、どうしたら歩みよれるのか考え続けた一年でもありました

という初任者時代の話を聞くと、本当に胸が痛くなります。保護者対応は、子どもを相手にするときとはちがった難しさがありますね。その理由として、保護者が大人としての自尊心をもっていることと、連絡を取る機会が限られていることの2つが挙げられます。保護者の自尊心がなぜ対応を難しくしているのかといえば、自らの子育ての問題を認めたくない、指摘されたくないという心理が働くからです。そのため、我が子が学校でうまくいかないのは、学校と担任が悪いのだと矛先を変えて考えるのです。したがって、保護者の方には4月の懇談会の際に、学校や教師に正対するのではなく、一緒に子どもの未来を見ましょうと話します。子どもに幸せになってほしい、よりよい存在になってほしいという思いが同じなのですから、互いを攻撃することには何もメリットがないことを理解してもらうのです。もちろん、通信や電話でこちらから小まめに連絡を取り、並走していますよ、という姿勢を見せ続けることが必要です。

エピローグ

(1) 失敗しないように全力で、でも失敗しても挫けないで

　教師とは、何十人もの人を相手にする仕事です。

　そして、職員室や保護者とのやり取りでも対人コミュニケーションが問われます。

　そのため、失敗をすることは必ずあります。

　大切なのは、そのあとだと言えるでしょう。

　失敗は成功の母とはよく言ったものです。

　失敗しないように全力で取り組み、失敗したらそこから分析して学ぶ。それが教師として成長していくキーワードではないかと考えています。

　そのため、失敗しても挫けないでほしいと思います。

（2）失敗を批判しないことが大切

　畑村さんは、『失敗学のすすめ』（講談社）の中で、「失敗を批判しないこと」がとても大切で欠かせないと述べています。

　失敗を批判されると人は必ず萎縮します。
　そのため、失敗をした人を批判する雰囲気を作らないことが欠かせません。これは、子どもたちに対する教師の姿勢も同様です。

　子どもたちの失敗に対して寛容になっていますか。
　失敗やつまずきを責めていませんか。

　こうした失敗を責める姿勢があると、失敗を隠そうとする動きにつながります。
　たとえば、日本ではゴールを狙って外すと怒るコーチがいますが、こうした存在が、ゴール前でパスをしてしまう選手を作っていると言えます。

　よくないことはよくないと伝えることが大切ですが、そこから一緒に取り組もうとする姿勢が欠かせません。子どもだって失敗したくて失敗をしているわけではありません。
　そのため、失敗を批判しないことが何よりも大切です。

（3）他者の失敗に共感できるようになってほしい

　他者の失敗、つまずきに、
　「そうそう。自分も同じだな」
　と共感できるような人になってほしいと思っています。

　先輩たちがしてきた失敗は、実は明日の私かもしれません。
　そう考えておくと、先輩たちの失敗からの克服はとても学び深いものに

なるでしょう。

　他人事ではなく、自分事として捉えることが必要です。

　共感する力をつけることは、教師をしていくうえで、とても強みになるものであると言えます。

　失敗は起こしたくて起きるものではありません。

　そんな落ち込んでいる仲間に共感し、一緒にがんばっていこうと声をかけるような職員室、学校をぜひ作ってほしいと思っています。

　そうした職員室、学校が一つでも多く生まれることで、子どもたちの多くも救われると思っています。

(4) リフレクションをし続ける教師に

　失敗やつまずきを生かすということは、リフレクションをし続ける教師なのだと考えています。

　リフレクション、つまり、振り返りや省察といわれる、自分の実践を見つめ直すことの大切さは、近年の学校教育、特に教師教育の場でよく言われていることです。たとえば、オランダのコルトハーヘンらの省察のモデルは多くの書籍で取り上げられました。

　一方で、そうした省察がなかなか広がらないのは、失敗をよくないものだと考え、そこからなかなか前向きに広がっていけない日本の学校文化や教師の考え方にあるのかもしれません。

　しかし、あなたは一人ではありません。

　苦しいとき、辛いときが、きっとあると思います。

　今が、そのときであると、ずっと続くように感じるかもしれませんが、それも長い人生の中では通過点に過ぎません。

　だから、失敗やしくじりがあっても、そこから一歩ずつ前に歩んでいけ

るようにしましょう。

　私たちもそんなあなたを応援していきます。
　一緒に失敗から学び、成長へとつなげていきましょう。

第**2**章

授業づくりの失敗

授業づくりの失敗

楽しいことを提供することが教師の仕事と誤解していた…

　とにかく、楽しいことが授業づくりの大前提でした。今もその前提に変わりはないのですが、「楽しい」の中身がちがいます。今は、教科の本質を子どもが追究できる楽しい授業にすることと考えています。しかし、新任から３年は、とにかく子どもが楽しいと言ってくれることだけを考えていました。

　そうなると、多くなるのが学級活動の時間です。授業時間数など全く気にすることなく、とにかく学級活動が中心の日々。毎月お楽しみ会をしたり、学級の歌を歌ったり、たくさんの時間を学級活動にあてていました。

　教科についても同じです。楽しいことが第一なので、国語の時間は、子どもが喜ぶ詩の群読したり、グループで発表させたりと、教育課程のことはほとんど気にせずに授業をつくっていました。

周りのクラスからは、楽しそうでいいなあと思われていたようですが、今から思えば、隣でこんなに勝手なことをしているクラスがあると、やりにくくて仕方ありません。担任の個性を出すということと、勝手な授業づくりはちがうということが、今ではわかります。

　教育課程を気にせずに授業をしていると、当然時数不足が起こってきます。隣のクラスと比べて進度が大幅に遅れてきます。そのため、教科の授業は、後半、教え込みのオンパレードです。学年末ともなってくると、尚更大変になってしまいました。

　それには、重厚に教える単元を入れてる一方、軽めに教える単元を設定して、というような計画的なものではありません。年間を通して、児童に力をつけることを前提に、軽重付けて単元計画したこととは、わけがちがうのです。

　テストでクラス間の差があまり出なかったのは、若い私にもちやすいクラスを担当させてくれていたからでしょう。その頃の私には、気付けなかった事実です。

Before

 自分の内面は…

「子どもがとにかく笑顔でいられる、楽しい学校生活を提供したい」

学校には「楽しい」が必要で、それは教師から子どもに提供するものだと思っていました。そして、「楽しさ」の意味をはき違えていたように思います。

▶▶

 職場の雰囲気は…

「自由に若手に任せてくれる反面、責任は自分で負うという雰囲気」

やりたいことをやりたいだけさせてくれる自由な職場でした。組織で動くというより、個々で責任を負うという雰囲気でした。

▶▶

 児童はきっと…

「楽しいと感じていたけど…」

あの頃は楽しかったな、という言葉を、大人になった教え子からもらいました。嬉しい反面、私の責務が果たせたのか、申し訳ない気持ちにもなりました。人としての生きる力や教科の本質を見い出せる学力を身につけられたかどうか、全く自信はありません。

▶▶

━━━━━━━━━━━━━━━━━━━━━━━━━━━━━━━▶

内面のリフレーミング

「子ども自身で本物の楽しさを築き上げることができるようにするのが教師の役目」

▶ ▶ 教師から今だけの楽しさを与えることは、簡単です。担任した一年間しか楽しくできないのは、教育ではありません。子ども自らが楽しさを築く喜びを味わわせること、それこそが教師の役割なのです。

同僚のフォロー

「温かい職場の雰囲気」

▶ ▶ 娘のように受け止めて、見守ってくれる先生、兄貴や姉御のように、「思うようにやったらいい」と見守ってくれる先生、切磋琢磨する同年代の仲間。初任がこの職場でよかったと今でも心から思います。

出合った言葉

「あなたは学級経営ができる、すごいと思うよ。でもね、教師は、『授業』だよ」

▶ ▶ この言葉が、今の私をつくる根っこであり、ずっとずっと 20 年を超えて、常に心の真ん中にあります。学級経営と授業が切り離されていた私の若手時代。先輩のこの言葉で、目が覚めました。そして、宝物の言葉となりました。

教育への価値観の誤り。

失敗原因の分類

①無知…教育は、児童の自立に向かう成長を手助けするもの。つまり、子ども自身の力を引き出し、伸ばすものである。しかし、私は、教師が提供するものと思っていた。

③手順の不順守…学校教育には教育課程というものが定められている。児童につけたい力、年間時数など。それを全く捉えていなかったのが私の失敗である。

失敗から学んだこと

☑ 順守すべき法的な教育課程があり、児童の自立への力を育むことが教育の責務であること。

いわば、教師が主役ではない。子どもが主役。子どもの力を伸ばすことが私たち教師の責務であることを学んだ。子どもの力とは、教科の知識・技能だけではない。自ら教科の本質を追究する力であり、疑問をもち、取り組む姿勢である。その一方、対人関係の中で、自分を認め、自ら「楽しい」をつくることができる力である。

だから、教師が提供するものではなく、子どもが探すことができるように、授業を考えていくことが最も大切なのだということを学んだ。

まずは、学習指導要領を読むようになりました。つまり、それまでは読んでいなかったということです。お恥ずかしい限りですが。

教科書準拠の指導書から読まれている方はいませんか？それが若い頃の私です。指導書がすべてではありません。学習指導要領には、教科指導の中で子どもにつけたい力が書かれています。そこに**書かれている内容と自分が受けもっている子どもたちの顔を思い浮かべて、つなげていく**ようになりました。

もっというと、受けもち学年の内容部分だけではなく、この子たちが上がっていく学年や中学校の学習指導要領の内容も読み込むようになりました。私たち教師は、子どもの将来を担っているのです。私たちの手から離れたときに、子どもたちが幸せに生きることを願って教育をしていくのです。"今だけの楽しい"を提供するだけで留まってはいけない。だから、その思いを授業という形に変えて子どもに届けるのです。授業は教科の内容と愛をこめてつくっていこう、「教師は授業だよ」とは、そういうことだと私は捉え、授業づくりをするようになりました。

子どもがしたいことよりも教師がしたいことを優先してしまった…

　授業づくりにおいて、教材研究を熱心にすればするほど、授業の質がよくなることに気づき、私はより力を入れて教材研究をするようになりました。先行研究を調べたり、教材そのものの素材研究、手法や手立てを変えて試すなど、授業研究も繰り返し行いました。

　年間数本ある研究授業では、提案したいことを吟味して授業をつくります。研究授業は、児童にとってはいつもの授業かもしれませんが、私にとっては特別な授業でした。

　ある研究授業では、子どもがよく発言し、指導案通りに進みました。指導案の最後にある「児童の予想される反応」にある通りの振り返りがたくさん出ており、児童も自分たちの学習に満足しているようでした。

その研究授業の討議会のことです。授業者としての振る舞いや児童の姿がよく議論の対象になります。その中で、「もっと児童に任せればよかった」「先生のしたいことがはっきりしすぎていた」という意見をもらい、大事なことに気づかされました。

　私は、指導案通り進むことが正しい、児童の予想される反応を書けることは児童をよく見ている証拠など、教わってきたことを忠実に守り、研究授業をうまく流すことを一番に考えていました。そこに「児童が何をしたいか」「児童が何を願っているか」は含まれていませんでした。「児童が楽しくなる授業をつくりたい」と願って教材研究をしていたはずなのに、それはいつの間にか授業者である自分のためになってしまっていたのです。

　児童の発言をとめたり、まとめたりせずに任せていたら、もっと深い学びを得られたかもしれない、児童が私のしたいことを感じ取って忖度するような授業になってしまっていたかもしれないと思うと、悔しさと情けなさで、胸がいっぱいになりました。

Before

 自分の内面は…

「十分に研究してきたから、指導案通りにすれば大丈夫」

目標を明確にもつことは悪いことではありません。しかし、その思い
が強すぎると、目標へたどりつくための意見を出すことに一生懸命に
なったり、他の意見を軽視したりしてしまうことがあります。

 職場の雰囲気は…

「子どもの思いをもっと大切にしてほしい」

研究授業では、授業者から見えている景色と、参会者から見えている
景色がちがいます。参会者の中には子どもの立場で授業を見ている方
がたくさんいるので、その気づきによって授業を多面的に見ることが
できます。

 児童はきっと…

「あそこでもっと話したかったな」

授業後にもっと話したかったことや、友だちの意見について思ったこ
とを話しにくる児童が多いのは、授業の中で十分に話し合う時間を取
れていなかったことが原因だったと、討議会後に気づきました。

内面のリフレーミング

「教師の目標に到達させるのではなく、児童に目標をもたせるような働きかけが必要」

▶ ▶ 児童が自ら目標を達成できるように、課題解決の見通しや方略をもたせること、普段から相談や話し合いを気軽にできる学習集団をつくっておくことなど、場づくりを大切にしたいと思いました。

同僚のフォロー

「子どもにもっと任せたほうがいいよ」

▶ ▶ 授業に対する思いが強すぎる私に、足りない視点を与えてもらう一言になりました。子ども任せは無責任ではなく、より高度であり、信じることで新たに生み出されるものがたくさんありました。

出合った言葉

「指導案は長時間かけて創り上げ、当日捨てる」

▶ ▶ 指導案に思いを込めすぎると、その指導案通りでないと不安になります。そんなとき、先輩教員からかけてもらった言葉です。研究授業当日は、児童の思いを一番に授業を進めるという意味の言葉です。

授業において、子どもが考えたいことよりも、教師が考えさせたいことが大きくなってしまったこと。

失敗原因の分類

⑧価値観不良…よい授業とは何なのかを突き詰めて考えていくことは大切である。その過程で、教材研究の重要性に気づくことや、研究授業の提案性を求めることも当然である。しかし、授業は児童主体で行われる必要があり、もっとも重要視されるべきなのは、児童の願いではないか。

失敗から学んだこと

☑ 児童の立場で、よい授業とは何かを考えること。そのためには、教材との出合いを授業者自身が大切にしなければならない。既習事項と比べたり、自分自身の学びを活用しながら学習を楽しもうとしたりすることが、児童にとって楽しい授業、学びたくなる授業になっていくはずである。

☑ 指導案通りの授業や提案性のある授業がよい授業であるという価値観を見直すこと。うまく進んだことに満足するのではなく、自分が予想し得なかった児童の発言を楽しんだり、価値づけたりすることのできる余裕をもって、授業に臨みたい。

　多くの先生方に、授業スタイルが変わったと言われるようになりました。目標までたどり着けるように支援しようとしたり、引っ張ろうとしたりする授業から、子どもの発言がどの方向へ向かうのかを見極めようと努めたり、児童と同じように話し合いに参加したりすることが増えました。

　そして、驚くのは、授業後に、「先生はどう思ったの？」と問う子が出てきたことです。この失敗に出合う前は、子どもが話し足りずに意見を言いに来ていたのですから。それは、授業時間に、十分に話し合えたり、友だちの意見も聞くことができたりしたからこそ、**授業者である私の考えも聞きたくなったということでしょう。このとき、「子どもに任せる」や「子どもの願いが授業に表れる」ということを実感しました。**

　まだまだ授業がうまくいかないことは多々ありますが、この失敗をきっかけに少しずつ私の授業観や教師観は変わり始めました。

取り組みをていねいに
伝えなかったがゆえに…

　教師になって7年目、上越教育大学の西川純先生が提唱する『学び合い』に出合いました。当時、『学び合い』でも多くの実践をされていた先生をたずね、『学び合い』のことをていねいに教えていただきました。「この方法は、本当にいい。次に私が取り組むべき実践はこれだ！」と思い、早速、勤務校でも「学び合い（の要素を入れた授業）」を、実践することにしました。

　子どもたちに『学び合い』の方法を伝えた後、早速取り組むことにしました。子どもたちは、一斉に動き出し、自分たちの力で課題を次々に解決していきました。クラスの雰囲気も、これまでよりもさらによくなった気がしました。学級が活気づき「これからの教育はこうでなくっちゃ」とひとりにんまりしておりました。クラスの多動傾向のある子どもも、大手を振って話したり動いたりできるので、保護者も子どもも大満足で、授業に臨んでいました。

しかし、そんなとき、異変に気がつきます。ある女の子たちが、どうにもよい表情をしていないのです。私のことを横目で見てひそひそと話したり「どうして先生は教えないんですか？」「隣のクラスではこんなことをしていません」などと話したりするようになりました。

　私は「子どもの言うことだから…」「クラス全体では効果が上がっているから…」と、聞かぬふりをしていました。「いつかわかってくれる」そんな甘い気持ちもあったのかもしれません。

　そうしているうちに、ある保護者の方からもお叱りを受けました。「隣のクラスではそんな方法はしていませんよね」「本当に子どもに学力がついているのですか」などというクレームです。

　このときにようやく気がつきました。「自分がよいと思っていても、新しいことをするときには、このような不安を抱える方がいて当然だ」「どうして、もっとていねいに子どもたちや保護者に『学び合い』の良さやねらいを伝えなかったんだろう」こうして指摘していただいたことで、ようやく独りよがりになっていた自分に気がつくことができました。

　『学び合い』の理念を、西川先生は次のようにおっしゃいます。「『学び合い』は、だれ一人見捨てない」と。私は、『学び合い』風に授業をしていただけであり、「一人も見捨てない」ことの対極つまり、「一人ひとりを見ていなかった」のです。もっと、子どもたちの声に傾け、子どもや保護者に説明をしていればと、今になって思います。

Before

自分の内面は…

「新しいことを知った。クラスも（なんとなく）うまくいっている！」

自分がいいと思った方法なのだから、間違いはないはずだ。この方法で、さらによい学びができているはずだと、完全に思い込んでいました。

▶ ▶

職場の雰囲気は…

「(なんか勝手なことをしているな…)」

直接、このことについて触れられたことはありませんでしたが、当時の自分の方法に夢中になっていた私には、だれも声をかけることすらできなかったのかもしれません。もっと、実践について交流する癖をつけておけばそんなことにはならなかったのかなとも思います。

▶ ▶

児童はきっと…

「なぜ、自分たちのクラスだけ…」

中には「楽しい」と思っていた子どもたちもたくさんいるでしょう。しかし、子どもたちの中には「なんで自分のクラスだけ」という不安に思っていた子もいたことでしょう。

▶ ▶

内面のリフレーミング

「"よい" は、教師・子ども・保護者の三方が揃っているか」

▶ ▶ 自分の方法を信じることはとても大切。しかし、「複数の視点から見る」ことを忘れてはいけないのです。自分だけでなく、保護者、何より子どもがどのように捉えるかを見定めたいです。

同僚のフォロー

「私が叱ったと伝えておくわ」

▶ ▶ 当時、このことは教頭先生にもご指導いただきました。その後「土日に保護者と会うから私からも指導したことを伝えておくわ」とフォローしてくださいました。このフォローで、ずいぶんと気持ちが救われた気になりました。

出合った言葉

「相手の着ぐるみを着てみる」

▶ ▶ NLP という心理学に「ポジションチェンジ」というワークがあります。「相手から」「第三者から」物事を見ることを深めるワークなのですが、「相手の着ぐるみを着てみる」ことがコツになります。自分視点だけではいけないのです。

自分の教育方法の価値を子どもや保護者と共有しきれていなかったこと。

失敗原因の分類

⑧価値観不良…自分のやり方は効果があり子どものためになるものと
　認識していたが、子どもたちや保護者の全員にまで十分に伝わって
　いなかった。

失敗から学んだこと

☑ 学級や学校にとって、何か新しいことを取り組むときには、
　ていねいな説明が必要であるということ。

☑ 自分にとってはよいと思っていることも、相手がその情報を
　知らなければ「そんなことをして大丈夫か」と思わせてしま
　うことを忘れないようにする。

☑ 人は「知らない」ということに、強い拒否反応を示す。その
　拒否反応を防ぐためには、ていねいな説明を実施する以外に
　はない。
　そんなことに十分気をつけながら、新たなことに挑戦してい
　くことが大切である。

　「この方法はいいな」と思うものが見つかっても、ちょっと立ち止まって考えてみるようになりました。

　その方法がいいと思っているのは、まだ、自分だけなのです。

　この方法の良さやねらいを、しっかりと子どもたちに提示することで、「それやってみたいな」と子どもに思ってもらえるかが大切です。

　この一件以降、私はそのことを強く意識するようになりました。

　たとえば、学習発表会の内容を提示するときにも、どうやったら子どもたちから、こちらが意図することを引き出せるかどうかを練るようになったのです。

　「どうせ決まっているなら先生から出した方が早い」と思われる方も多いでしょう。

　しかし、**時間をかけて、ていねいに進めることで「子どもたちの納得感」がまるでちがうのです。**

　そして、子どもたちは自分たちが納得したものはどんどん自分たちで進めるようになるのです。

　この一件で、「**どう子どもに納得感をもたせて学級に取り入れるか**」を考えるようになりました。

授業づくりの失敗

子どもたちの実態を
見ることができなかった…

　とある年の始業式のことです。いつものように始業式が終わり、学級担任が発表され、そのまま体育館でクラス分けを行うことになりました。しかし、私の担任する学年は、全体が騒然としていて、話を聞けるような状態ではありません。それでも何とか学級の発表を行いましたが、依然子どもたちは騒然としていて、教室に移動することも難しい状態でした。中には「こんなクラスいやだ〜！」と泣き叫んでいる児童もいるほどです。今思えば、まだ経験の浅い私にとって、あまりに厳しいスタートでした。

それほど困難な学級でしたが、何とか学級を、子どもたちをいい状態にしたいという強い願いも確かにもっていました。子どもたちの実態を見るに、何よりも人間関係の悪さや集団の中での成功体験のなさが荒れの根本的な原因であると感じられました。そこで自分が選んだのが、『学び合い』です。もともとこの学級を担任する以前から、『学び合い』の実践には取り組んでおり、あくまでその延長線上での選択ではありましたが、一方で、人間関係の悪さなど、子どもたちのもつ課題を根本的に解決するためには、子どもたち同士の関わり合いを最大限保障できる『学び合い』以外選択肢はないという強い思いもありました。そのため急いで、『学び合い』をベースにした授業を展開していくことにしました。

　しかし、そのような強い思いとは裏腹に、実際の授業は混迷を極めました。もともと人間関係があまりよくないこともあり、授業では様々なトラブルが発生しました。教室は常に騒然としており、なかなか落ち着いて、学習できる環境が整いませんでした。当然、教室の状況は管理職や保護者にも伝わり、精神的にどんどん追い詰められていくことになりました。

　その後、次第に子どもたちの関係はよくなり、子どもたちは教室で落ち着いて過ごせるようになっていきました。授業でも活発に教え合ったり、自立して学習に取り組んだりする姿がたくさん見られるようになりました。修了式の日、子どもたちが笑顔で学級のことを振り返っている場面は、今でも忘れることができません。しかしそこに至るまでの道のりは、経験の浅かった私にとって、ずいぶんと大変なものであったと感じています。

Before

自分の内面は…

「根本的な解決のためには……」

クラスの実態を重く受け止め過ぎたため、根本的な解決ばかりを目指しすぎて、子どもたちの実態を見ることができませんでした。

職場の雰囲気は…

「どうフォローすればいいのかわからない」

当時の自分には、「自分がこのクラスをなんとかしないといけない」という強い思いがありました。しかし、その思いが逆に、周りからのフォローを受けにくくさせていたのかもしれません。

児童はきっと…

「何をやればいいのだろう」

自分のやろうとしていた授業は、あまりに選択肢が多く、子どもたちにとって理解が難しかったようです。実際に、「何をしていいのかわからない」という声が聞こえてきたこともありました。

内面のリフレーミング

「子どもたちの実態に合わせた手立てを」

▶▶ 『学び合い』をベースに、人間関係を改善するという方向性自体は間違ってはいませんでしたが、思い描いているゴールへの手立てがあまりに少なすぎました。まずは、子どもたちの実態に合わせた授業づくりを目指す必要性を痛感しました。

同僚のフォロー

「思い切って学級を手放す」

▶▶ 自分の学級へのこだわりが、周囲のフォローを受けられなかった理由の１つではないかと気づきました。閉鎖的な学級であればあるほど、教師と子どもは共依存的な関係に陥りやすくなります。思い切って他の先生たちの力を借りる必要があることを知りました。

スモールステップの重要性

「少しずつ選択肢を増やす」

▶▶ スモールステップの重要性を学びました。選択肢がある環境は大切ですが、いきなり選択肢を増やすだけでは、逆に「選べない」という状況をつくり出してしまいます。まずは少ない選択肢から選ぶという経験を積む重要性を知りました。

子どもたちの実態を見取ることができていなかった。

失敗原因の分類

④誤判断…目的地となる場所ははっきりと思い描けていたものの、あまりに先を見すぎていて、具体的な手立てが足りなかった。

失敗から学んだこと

☑ 目的地を示すだけでは、子どもたちはそこに向かうことはできない。幾つかのルートを示したり、道具を渡したりするなど、いけそうだと思える手立てが必要になる。

☑ 目的地に到着する意義を語ることは必要だが、子どもはそれだけでは動けない。そこに向かう行程自体に楽しさを見出せなければ、子どもたちはなかなか動けない。

☑ ルールは少ない方がいいが、だからと言ってルールをいきなり少なくすればいいというわけではない。場合によっては使い古されたルールに則って授業を進めていくことも必要。

　この1年を経た後、私はとにかく様々な引き出しを増やすことに時間をかけました。たとえば、漢字ビンゴなどゲーム性の高い実践を行って、児童が楽しく学べることを大切にするようになりました。また、ペアワークやグループワークなど比較的フレームの強い活動を通して協働学習を行ったり、時間を区切って立ち歩きを伴う活動を行ったり、できるだけスモールステップで子どもたちが多様な学び方を体験できるようにしていきました。

　「子どもたちの力を信じ、任せるということ」「授業の中で子どもたち同士の関係性を育むということ」に対して、私は変わらず情熱を抱いています。しかし、ゲーム性の高い楽しい授業や、スモールステップで手立てを駆使することは、そのような教育観と十分同居することが可能です。教育実践は、自身の教育観と、子どもたちの実態と、周りの環境の相互作用によって生まれます。**理想がどこかにあると考えるのではなく、子どもたちと共にその理想を探すという姿勢こそが成功に繋がっていくと今は思っています。**

この子ができないことを前の学年の先生の責任にしてしまった…

　7年目に附属小に赴任するまでの6年間、「前の学年でできないこと・わからないことがあると、次の学年でできない・わからないことは当たり前」「だから、私が指導してもできない・わからないのは仕方ない」と、「子どもが勉強できないのは・わからないのは前の学年の先生や保護者が悪い」ということをずっと心の中で思っていました。

　6年目で担任した5年生の子たちは勉強や生活態度がしんどい子どもたちでした。

私は1年目から算数の研究を行っていました。だから、この当時の私は算数授業に対して、根拠のない自信をもっていました。この日も授業を長時間考え、土日で準備をし、「小数×小数」の授業に臨みました。

　しかし、数人の子たちが本時のめあてを達成できずにいました。その数人の中にいたAくんは九九ができずに、全く学習についてくることができませんでした。

　放課後、職員室で「今日○○くんは九九ができなかったんですよ〜。2年生の勉強なのに〜」ということを職員室で、その子が2年生時の担任の先生に聞こえるような声で言いました。すると、その先生が「ごめんね。力をつけてあげることができなくて」と謝りに来ました。

　このときの先生の気持ちが理解できるようになるまで、数年の月日が必要でした。

Before

 自分の内面は…

「一生懸命に授業づくりをしているのに」

土日の休みの時間を削ってまで、一生懸命に授業づくりをしてきているのに、どうしてできない子どもたちがいるのかといったような苛立ちが自分のなかにはありました。できない理由を自分のせいにしたくなく、別の理由を探していた自分がいました。

 職場の雰囲気は…

「○○くん、ごめんね…」

職員室に大勢の先生がいる中、2年生時の担任の先生が私に謝ったのです。その瞬間職員室の空気はとても冷たくなりました。

 児童はきっと…

「先生、怖い顔をしているね」

「先生、怖い顔をしているね」と言われたことがあります。怖い顔をみて、「ぼくたちができないから…」「僕たちが悪いんだ」「勉強って難しいな」と思っていた子がいたと思います。

内面のリフレーミング

「自分自身に責任がある」

▶ ▶ 子どもが「できない・わからない」のは他人ではなく、自分自身に原因があるということに気付いてからは、授業で「わからない・できない」子がいたときには、授業後に実践を振り返り、子どもたちが「できる・わかる」ようになるための方法を考えるようになりました。

同僚からの言葉

「同じことを言われているかもね」

▶ ▶ その後、仲のよかった先輩から、「あなたのもった子どもたちも来年同じことを言われているかもしれないね」と言われました。そのとき、「そんなことありませんよ！」と言い返すことができませんでした。

出合った言葉

「子どもの笑顔を大切にしたいと言っているけど」

▶ ▶ この当時も「子どもの笑顔を大切にしたい」ということを言っていました。そんなことを言っている人が怖い表情をしながら、授業をしていました。怖い表情をしていて、子どもが笑顔になるわけがありません。

自分の指導力不足を同僚の教師や子どもたち、保護者のせいにしていたこと。

失敗原因の分類

①無知…勉強が苦手な子たちができるように、わかるようになるための様々な方法を知らなかった。

④誤判断…本時のめあてを達成できずにいた数人の子に対して、適切な指導をすることができなかった。

失敗から学んだこと

☑ 本時のめあてを達成できないのは、授業者の責任である。

☑ 勉強が苦手な子たちができるように、わかるようになるための様々な方法を知っておき、その子に応じて選択することが大切である。

☑ 子どもたちが笑顔になるには教師の笑顔も必要である。

　この出来事があっても、すぐに自分自身が大きく変わることはありませんでした。この後数年間は、このような思いや行動をし続けてしまいました。

　しかし、附属学校に赴任後、周りの先生の授業を参観したり、先輩のたくさんのアドバイスをもらったりしたことで、自分の授業力のなさに気がつきました。そこで初めて「今日○○くんは九九ができなかったんですよ。2年生の勉強なのに〜」と**当時の先生やその子自身のせいにしていたことは、ただ単に自分の授業力のなさを人のせいにしていただけだということに気づき**、その当時の先生や子どもたちに心から謝りたい気持ちになりました。この日以来、しっかりと授業力をつけようと勉強することにしました。

　このときの失敗がなければ、授業力をつけることなく、いつまでも子どもや過去の担任の先生方に責任をおしつけていたことでしょう。そう思うと、今の授業観をつくる大切な失敗であったと意味づけることができます。

あのさあ、授業のねらい
云々言う前に…

　新しい学校へ転勤したときのエピソードです。そこは研究校として名の知られた所で、来たばかりの教師は4月中に実践授業を開き、先輩教師陣から指導をいただくことが通例となっていました。私も1週間寝食を忘れて着々と教材研究を行い、これまで培ってきた授業知識や技術を出し切ることで、自分でも「悪くないんじゃないかな」と思える授業を行うことができました。お手並み拝見とばかりに教室を囲んで参観していた同僚たちへ、放課後一人ひとり話を聞いて回ります。「あの発問はもっとこうした方が…」「板書の字はもう少し…」といった技術的なアドバイスを多少受けましたが、さほど悪くない授業であったという印象です。そして、最後に一番尊敬していた先輩のところに向かいました。少しぐらいはほめてもらえるのではないかと期待していた私に対して、先輩が発した言葉は「あのさあ、授業のねらい云々言う前に、なんで保健室から帰ってきた子どもに声かけなかったの？」だったのです。

そういえば、授業前に具合が悪くて保健室に行っていたA子。彼女はいつ教室に戻っていたのでしょうか。緊張しながら授業をしていた私は、A子が教室に戻ってきたその瞬間を、気づいてすらいなかったのです。そして授業が終わり、先輩から教えてもらうまで、その事実すら忘れていたのです。A子はいったいどんな思いで授業を受けていたのでしょう。私のことをどんな担任だと思ったのでしょう。それまで教科の指導技術や教材研究についてほめられ調子に乗っていた私は、先輩からの思いもよらない指摘に、顔を真っ青にして立ち尽くすことしかできませんでした…。

Before

 その時の内面を振り返ると

「どうにか計画通りにうまい授業を見せたい」

初めての学校で見せる研究授業に、格好いいところを見せたい、下手なところは見せたくないと、授業の進め方をがちがちに固めて臨んでいました。自分が何を発問するか、何を板書するかに手一杯で、子どもの顔を見る余裕もなかったように思います。

 その時の職場の環境は

「どれだけのものかお手並みを拝見しましょう」

研究が盛んな学校であったため、新人の授業には厳しく指摘して鍛えようという風土がありました。授業者に強烈なプレッシャーがかかる授業は教師対教師の様相を呈していて、子どもにとってよい雰囲気とはいえませんでした。

 その時の児童はきっと…

「邪魔にならないようにこっそり入ろう…」

A子の内面を思うと、保健室から帰ってきたら先生方がびっしりと囲んでいる教室は非常に入りづらかったでしょう。目立たないようにこっそり自分の席に座り、暗い気持ちで一時間を過ごしたのだろうと思います。

内面のリフレーミング

「子どもが楽しめることを授業のねらいに」

▶ ▶ よい授業をしたいという動機は間違っていないし、教材や指導法の研究にかけたエネルギーも無駄ではなかったはずです。しかし、そのベクトルが教師陣に向いていた点が決定的な失敗でした。打ち上げ花火のようにその1時間だけうまくいけばよいという意識がどこかにあったのでしょう。

同僚のフォロー

「自分も最初の授業はさんざんだったよ」

▶ ▶ 後日、もう一度話を聞きに行ったときに、先輩が自分の初授業のことを話してくれました。先輩の、何をやっているのかわからない内に一時間が終わってしまったというエピソードを聞き、失敗の価値が決まるのはその後の行動によると感じました。

出合った言葉

「君は、もっと泥にまみれろよ！」

▶ ▶ その後、どれだけ子どもに寄り添おうとしても、研究授業となると格好をつけてしまう自分に悩む時期が続きました。そんなとき、上記の言葉を管理職の先生からいただいたのです。失敗を嫌がる自分を見つめるきっかけになりました。

授業を進める自分をよく見せる、授業者に厳しく指導する、そういった教師側の都合に精一杯で、子どもの内面に目を向けようとする心構えができていなかった。

失敗原因の分類

②不注意…自分が手順通りに授業を進めることに手一杯で子どもの側に注意を向けていなかった。

⑧価値観不良…「よい授業」という促えが教師主導、対教師の面からしかできなかった。

失敗から学んだこと

☑ 教師が平常心でいられない場面でこそ、普段から心の底で大切にしているものは何かが見えてくる。

☑ 互いの実践を厳しく見合う場があってこそ教師は育つ。しかし、厳しい見方しかされない場では、堅く、守りに入った育ち方になってしまう。

☑ 失敗をした瞬間、過ちを犯したのは世界の中で自分だけであると思いがち。しかし失敗を認め、自己開示をし始めると、周囲も自らの失敗談を語り始める。自分の失敗をネタにできる強さが生まれれば、怖いものはない。

　それからの私は、研究授業を始める前に、あるルーチンを行うようになりました。指導の先生がいても保護者がいても、授業の前にはゆっくり屈伸と伸脚をするのです。低い姿勢になると、唖然とする参観者の顔が見えます。そして面白そうにこちらを見る一人ひとりの子どもの顔が見えてきます。さあて、今日はどう楽しんでいこうかと、前向きな感情が湧いてくるのです。不思議と、それからは授業の成功や失敗は気にならなくなりました。

　面白いことに、授業をするときの心持ちが変わると、他人の授業を見るときの視点も変わってきました。これまでは教室の後ろから教師の一挙手一投足をにらむように見ていたのですが、いつの間にか教室の前方でしゃがみ込み、子どもの目線を見ながらにこやかに授業を見るようになっていたのです。

　あのときの失敗がなければ、相変わらずよい授業とは教師の計画通りに進む授業で、子どもは教師の思う通りに動くのが一番よいと考えていたにちがいありません。今となっては、今日の私の授業観をつくる、大切な失敗であったと愛おしく思っています。

授業での成功と失敗にどのような差がありますか？

宍戸寛昌

　授業において、何をもって「失敗」とするかは、その人の授業観に因るところが大きいですよね。本来、授業とは、子どもの間違いやつまずき、教師の想定外、そういった不確定な要素をぐるっとまとめて進んでいくダイナミズムの総称みたいなものだと思います。たとえば、終わったときに笑顔になる授業と、もやもやする・落ち込む授業とを分けるものはいったい何でしょうか？

樋口綾香

　終わったときに笑顔になる授業は、授業の中で子どもの発言がつながり合い、意図した深い話し合いに到達し、授業後も子どもたちが自分の学びを伝えに来てくれる授業ですね。

　一方、モヤモヤする授業は、活発にしたい話し合いが停滞し、目標が達成できなかったり予定していたところまで進めなかったりする授業です。そのような授業後は「難しかった」と言われたり、余韻に浸る様子もなかったりします。正直、凹みます。

　宍戸先生はどんな授業のときに笑顔になったり、落ち込んだりするのですか？

宍戸寛昌

　ああ、やっぱり授業の失敗は子どもの姿と不可分ですね。わたしは教材の面白さにふれさせようとすると、どうしてもマニアックな内容や手法に陥りがちな悪い癖があります。子どもって偉いもんで、そういう授業をやっていると、だんだん「先生は何を求めているのだろう」と先回りして答えを探り始めるんですよね。こういう子どもの姿に気づけるかどうかは、経験の多寡によると思います。

どんな授業のときに笑顔になるかというと、教材の力によって普段気づけない、その子どもの素直さとかがんばりとかが見えた瞬間でしょうかね。そういう授業の後って、子どもがものすごく可愛く見えるんですよ。事後研で何を言われようと、痛くもかゆくもありませんね。

では、そういうよい授業をつくるためのコツって何だと思いますか？単に失敗と反省を繰り返すだけではないように思えるのですが。

樋口綾香

いちばんは教材分析です。それも教科書を一回や二回読んだ授業づくりではなくて、何度も何度も読んで、私自身が「なんかわかってきたかも…！おもしろい！」と教材を好きになっていく過程が必要なのだと思っています。自分がその教材を好きになったり、授業内容におもしろさを感じたりしない限り、子どもを楽しませることはできないのでは、と思います。単に偶発的な楽しさもありますが、それでは子どもたちと授業を通して学びを積み重ねながら力をつけていく、私が理想とする授業のイメージとは違ってきます。

宍戸寛昌

なるほど。事前に教材研究を丁寧にしておくことで、子どもが面白いと思うであろうポイントをおさえておくことがコツなのですね。わたしは常々「教師力はアドリブ力」と言って同僚に無茶振りをするのですが、子どもの反応にアドリブで対応するためには「授業がどこに向かうのか」「どの活動に時間を使うべきなのか」といった授業の地図を明確にしておかなければなりません。そして、地図を作る際に必要なのが、教材研究を通した面白さの発見ということになるでしょうか。これはいくら経験を重ねても忘れてはいけないことですね。

第 3 章

学級づくりの失敗

「クラスの仲間でしょ」の押し売りが学級の軋みに…

20年以上も前、教師になったばかりの頃、私の中では『同じ学級であること＝仲間』という公式が存在していました。もちろん、その公式は間違っていません。しかし、私の失敗は、学級でトラブルが起こったとき、そのすべてを学級全体の問題として、全員に考えさせていたことです。

学級のトラブルといっても日々色々なことが起こります。たとえば、個人と個人のケンカ、そうじをサボる子がいる、物が壊れる、物がなくなるなど。私はそのすべてを「クラスの仲間のことでしょ」と言って、学級全体の問題として全員に投げかける学級経営をしていたのです。授業時間に食い込んでもその事案が解決するまで話し合いの時間をとる、もしくは、とらなければいけないと感じていました。

すると、子どもたちは次第に嫌気がさしてきます。「またあいつのせい
で、終わりの会が長くなる」「そんな昼休みのケンカなんて、私は図書室
にいたから知らないのに…」教室に重い空気が流れ、私の独りよがりな説
得だけで時間が流れていく。子どもたちにとっては、理不尽なお説教でし
かなかったことでしょう。

　**次第に子ども同士の平等な関係性が欠けていきました。つまり "あの子
がトラブルメーカー" という見方が植えられていったのです。**

　また、授業より生活の問題を解決する方が大事、みんなで問題について
考えることが大事と、授業時間を使って話をしていたので、授業にも差し
障りが出てきました。授業進度が遅れ、学年末には、そのしわ寄せから、
教え込みの授業のオンパレードになってしまい、授業中の雰囲気も悪く
なっていきました。

Before

自分の内面は…

「みんなで考えて、よい学級にしていくことが正しいことだ」

同じクラスなのだから自分は関係ないという感覚や態度はあってはならないと考えていたその頃の私。さらには、教師の言葉だけで、子どもの価値観を動かそうとしていました。

▶ ▶

職場の雰囲気は…

「若い力で、やりたいようにやればいいけど…」

50 代のベテラン教師が半数以上を占めていましたから、学級経営や授業のやり方については、同じ学年であってもそれぞれの教師に任されているのが普通でした。自由にできる反面、それぞれのやり方にアドバイスをし合うことは少ない状況でした。

▶ ▶

児童はきっと…

「『あいつが悪いのに。』と『悲しい。つらい。』が混在」

児童の中には、"自分のせいじゃない、あいつが悪い"と考えている子もいました。しかし、いつも周囲へ思いやりをもって行動している子たちは全く関係のないことにも責任を感じ、つらい気持ちになっていたことでしょう。

▶ ▶

▶▶

内面のリフレーミング

「"みんな"は、一人ひとりの考えから成り立っている」

自分は関係ないという考え方はよくないけれど、学級は一人ひとりが育ってこそ、平等で温かい関係になっていきます。"みんな"を変える学級経営には、一人ひとりの考えと行動の育ちが必要なのです。

▶▶

同僚のフォロー

「なぜ、トラブルが続くのか、考えてごらん」

学年主任の先輩にはいつも相談していましたが、「どうしてトラブルが続くのか考えてごらん」と言われたことがありました。私自身は一生懸命やっていると思っていたので初めは否定されたように思いましたが、大きなヒントとなりました。

▶▶

出合った言葉

「集団の中の一人ひとりと線を結ぶように、繋がる」

学級には、色々な子がいます。どんな集団も、大切な一人ひとりの子どもで構成されていて、だからこそ、一人ひとりの子どもと線をつなぐように、目を合わせ声をかけ、つながりをもつことが、学級経営の基礎であると学びました。

失敗の本質

学級を集団としてしか捉えていなかったこと。

失敗原因の分類

④誤判断…問題解決を、教師の直接指導のみで行おうとしていたこと。

⑧価値観不良…学級の結束力は、集団への指導で培えるものではなく、子ども一人ひとりの精神的な安定と道徳的実践力の伸長から成り立っていることが理解できていなかった。

失敗から学んだこと

☑ 個への指導を行う場合
個人と個人のケンカなどは、当事者同士で完結させます。まずは、被害意識の強い子どもの話を聞き、心のケアを。次に、周りにいた児童から事情を聞く。その後、加害的な行動をとった子どもと話をする。最後に当事者同士の話し合いの場をもちますが、自ら過ちや今後の行動について気づかせ、話すように促します。

☑ 全体指導を行う場合
全体指導は、清掃や係活動など全体の活動に対して行います。ただし、教師のお説教だけではなく、自分自身を振り返るようにさせ、客観的に自らの価値観を再確認させるようにします。

　今の時代、どんな地域でもコミュニティーの希薄化が顕在化しています。4月、学級のスタート段階で、子ども同士がすべて友だちとしてスタートすることはないでしょう。クラス替えがなかったとしても、心からわかり合える友だちというものは、そうそう多くないはずです。むしろ学年が上がるにつれ、以前のトラブルを引きずり、わだかまりをもっている子どももいるはずです。たまたま同じクラスになったというだけで、過去の何もかもが帳消しになるわけではないのです。

　だから、学年のスタートには、1年の抱負を聞くだけではなく、不安な気持ちも受け止めるようにしています。また、トラブルについては、ていねいに個別で聞き取りを行います。叱ることが必要なときは、叱りながらも、よさを認め、期待を込めて終わるようにしています。

　一人ひとりと繋がるために、日記で対話を積み上げていくようにもなりました。

　全体で共有すべきことと個別で対応することを区別しながら、事案があったときの解決だけで終わらせるのではなく、何事もない普段の学校生活でも、一人ひとりの安心感と向上心を膨らませていくことが、私の学級経営の指針となりました。

信頼関係を築けないままトラブルの対処をして、1年間苦しむことに…

　6年生の担任をすることになったときのことです。元々5・6年生と別の先生がもち上がる予定でしたが、急遽クラス替えが決まり、担任も入れ替わることになりました。そんな中、私が6年生担任を引き受けることになったのですが、引継ぎでは数名の子どもの成績面について触れられたのみでした。

　始業式の日、私は不安を抱えながらも、初めて担任する児童との出会いを楽しみにしていました。担任発表のあと、「先生が担任でうれしい」、「先生っておもしろそう」という言葉をもらって、私はニコニコと1日を過ごしました。

しかし、放課後1本の電話から大きく状況は変わります。

　その保護者からの電話は、隣のクラスの先生にかかってきました。ランドセルの中に、本人のものでない電子機器が入っていたため、学校のものではないかという確認でした。その担任は、自分に心当たりがなかったため、私に尋ねてきました。すぐに教室に行って確認すると、私の電子機器がなくなっていることに気づきました。隣のクラスの担任へ報告し、次の日保護者に持ってきてもらうことになりましたが、児童が自分の私物を盗るという初めての経験に、大きく動揺したのを覚えています。しかし、ここから1か月ほど、この問題は長引きました。

　結局、この件に関わっていたのは5人程度でしたが、そのグループはもっと大人数で関係しており、放課後に問題行動を起こす仲間たちでした。この件はほんの一端で、仲間同士で様々な問題行動を起こしていたのです。

　このグループのメンバーは学年全体に散らばっており、問題行動を把握するたびに、時間を割いて個別に事情を聞きました。しかし、個別では嘘を言ったり、後で口裏を合わせたりしたため、何度も話を聞かなければならなくなった結果、約1か月間、休み時間や放課後に他の児童と過ごすことはほとんどできませんでした。そして、度重なる嘘の発覚で、私は段々と児童を信じられなくなっていったのです。

　私は、問題を起こした児童だけでなく、クラスの他の児童との関係もつくれないまま、6年生の担任をスタートしてしまいました。1年間、クラスで団結する喜びや楽しさを児童に十分に味わわせることができないままでした。

Before

 自分の内面は…

「なぜ始業式の日に…去年の担任は何をしていたんだ」

このグループの問題行動は昨年度からあったことがわかり、他の児童が去年の担任に相談していたこともわかりました。しかし、何の対応もしないままクラス替えをしたと聞いて、内心は穏やかではありませんでした。

 職場の雰囲気は…

「6年生大変だね。でも担任団で乗り切って」

職場の雰囲気はよく、管理職も親身になって話を聞き、よく声をかけてくれました。同僚からも励ましの声をかけられましたが、頼れるのはやはり担任団。結束を強くして乗り越えるしかないと考えました。

 児童はきっと…

「私たちには、関係ない」

児童からは、「先生大変そうだね」「やんちゃな子を叱ってくれてありがとう」と言ってくれる子もいましたが、多くは無関心でした。私は学級の規律を取り返そうと必死に訴えかけましたが、何も響いていないようでした。

内面のリフレーミング

「今、クラスに必要なことを考えよう」

▶▶ 問題が起きたときにどう対処するかや原因を探すばかりでなく、問題が起きない環境づくりや関係づくりにもっと多くの時間を割くべきだと気付きました。過去を悔やむのでなく、未来を変える気持ちが大切なのだと思います。

同僚のフォロー

「学校全体で考えていこう」

▶▶ 何か問題が起きたとき、自分で、学年で、と問題を広めないことが、さらに問題を大きく、深刻にしていきます。私は、担任団に救われました。それが学校全体だともっとよい方向へ進んだかもしれません。

出合った言葉

「みんな居心地のよい場所を求めている」

▶▶ 自分の中で、問題のある児童をいつの間にか悪者にしていることに気づきました。しかし、あの子たちに居場所があれば、他に楽しめることがあれば、ちがっていたかもしれません。そういう場所をつくらなければならないと感じました。

失敗の本質

次々に発覚する問題行動の対応ばかりに終始したこと。

失敗原因の分類

⑥制約条件の変化…はじめの問題が発覚したとき、大人数が関わっていることや、この問題が長引くということを想定できていなかった。

⑤調査・検討の不足…昨年度から問題行動があった児童について、詳細な引き継ぎが行えていなかった。

失敗から学んだこと

☑ 問題を起こす児童の対処に全力を傾けるのではなく、楽しく過ごしたいと思っている児童、そう思ってはいても表に出せない児童がいることを念頭に置き、クラス運営に尽力すること。

☑ 児童から事情を訊くときは、複数人で対応し、記録を取ること。

☑ 個別対応が望ましいか、複数人の話を一度に訊くほうが望ましいか、問題の内容によって学年団や管理職との相談のうえ、判断すべきであること。

その後…

　結局1年間、失敗を取り戻すことはできず、私は悩み続けました。卒業式の日、私は泣きながら児童に謝りました。それしかできませんでした。今もこのときのことを思い出すと、申し訳ない気持ちでいっぱいになります。しかし、私の手元には、笑っている子どもたちとの卒業写真が何枚も残っています。もう一度やり直せるなら、あのクラスの子たちが前向きなことを言い合えるような時間をたくさんつくりたいです。

　児童を信じるというのは、容易いことではなく、正しいだけでもないと、この件で初めて知りました。盲目的に児童を信じるのではなく、**目の前の児童一人ひとりに何が必要か、何を求めているのか**を考えることが大切なのだと思います。

　「児童が嘘をついた」と落ち込んでいる先生がいたとき、私は、そのショックな気持ちに寄り添いながらも、**その児童を楽しいことに引き込むにはどうしたらよいかをいっしょに考える**ようになりました。叱ったり、疑ったりするよりも、教師自身が前向きに物事を考えられるからです。

学級づくりの失敗

前年度の学級の雰囲気を掴めないまま、学級をまとめることができなかった…

　赴任先の学校が決まり、初めてあいさつに行ったときのことでした。

　「6年生をお願いすることになるかもしれませんが、大丈夫ですか？」

　と校長先生から話を切り出されました。当時の私は、初めての転勤に気合を入れていたこともあり、「頼まれた仕事はどんなことも断らない」と決めていたので「はい、大丈夫です」と返事をしました。このように書くと、「どんな仕事も進んでする」という前向きな姿勢に思われるかもしれませんが、今振り返ると、「自分ならどんなクラスだって何とかなる」「自分ならどんなトラブルも乗り越えることができる」と思いあがっていたのかもしれません。そんなこんなで、私は初めて転勤した学校で、飛び込みの6年生を担当することになりました。

　当時の学校は、6年生への進級時にクラス替えがありませんでした。また、基本的には、5年生時の担任がもち上がる流れができていたので、転勤したての私が6年生をもつことは、当時の学校からすると異例のことでした。そんな中、6年生をお願いされたので「何か問題があるクラスなのかな」と思っていたのですが、実は問題は別にあったのです。学級はとてもまとまっており、「どうして○○先生でなくて先生が担任なのですか？」という雰囲気が学級全体からただよっていました。

そんな状況でしたが、私は「自分は自分のやり方で進める」「これまでの先生とはちがうぞ」というメッセージを伝えんとばかりに、これまで自身が取り組んできた学級のシステムをはじめ、様々なことに取り組みました。子どもたちからは「5年生のときはこうしていました」「○○先生ならこうしていたよ」など、たくさんの意見がでてきます。しかし、自意識過剰になっていた私は、そんな言葉に耳を貸さずに、自分のやり方を突き通し続けてしまったのです。

　そんなことをすれば、どうなるかはもうおわかりでしょう。4月当初の子どもたちは、担任の交代に戸惑いながらも、新しくやってきた私をやさしく迎え入れてくれました。しかし、そんな子どもたちの気遣いにも私は気付かず、子どもたちの心はどんどん離れ、クラスはどんどんぎくしゃくした雰囲気になっていきました。

　その異変に気がついたのは、すでに夏休みも終わった頃でした。それから、できるだけ子どもたちの声を聞き、表情を見て、ていねいに子どもたちとの付き合いを重ねてきましたが、修復には相当の時間を要したのでした。

Before

 自分の内面は…

「どうして自分のやり方じゃダメなんだ」

「今の担任は自分なのだから、自分のやり方でやる」という気負いがありました。また、前任の先生に合わせると、子どもたちが自分を軽んじるのではないかという怖さがありました。

 職場の雰囲気は…

「学年内はうまくいっていたが…」

学年の先生とはたくさんの話をしました。しかし、実は、私の6年生抜擢は、学校全体の問題から配置のバランスをとるために生じたことでもあったため、何とも言えない雰囲気が続いていました。

 児童はきっと…

「お前だれやねん」

子どもたちは、私によくついてきてくれました。しかし、内心では「お前だれやねん」「前の先生の方がよかったわ」と思っていたことでしょう。実際にそういう声も聞きました。これは、私がそのように思わせる行動をしてしまったことが原因です。

内面のリフレーミング

「今、クラスに必要なことを考えよう」

▶ ▶ 「自分のクラスは、自分だけの力で成り立っているのではない」と思うようになりました。これまで、この子たちはどのような人と出会い、どのような教育を受けてきたのか。そこまで目を向けてやらなければいけないと思ったのです。

同僚のフォロー

「精一杯やってくれて、ありがとう」

▶ ▶ そのときの教頭先生には、本当に親身になっていただきました。たった一人、自分のことをわかってくれる方が職場にいるだけで、辛いことも乗り越えられます。そのことを教えてくださった教頭先生でした。

出合った言葉

「子どもの歴史を尊重する」

▶ ▶ ４月当初、自分のやり方を伝えることは重要なことですが、これまで子どもがどのようなことをしてきたのかを聞くことも重要です。そして、時には、そのやり方で４月や５月を過ごしてもよいのです。

自分のやり方に固執してしまい、子どもたちの育ちの流れをみていなかったこと。

失敗原因の分類

⑤調査・検討の不足…これまでクラスの子どもたちがどのような環境で過ごしてきたかを調査・把握をしなかった。

失敗から学んだこと

☑ 子どもたちは、そのときだけ教育を受けるのではなく、これまでも教育を受けてきていること。そして、これからも教育を受けていくこと。こんな当たり前のことを見つめる重要性を知った。

☑ 時に緻密に、時に俯瞰して、そして、時に流れをみる。

☑ 事物を見るときに、蟻の眼、鳥の眼、そして、魚の眼が重要と言われるが、子どもを見るときも全く同じである。

　この年の6年生のことを思い出すと、申し訳ない気持ちでいっぱいになります。6年生の一年は一生に一度の大切な時間です。それを自分の配慮不足で子どもたちや保護者に迷惑や不安を与えたと思うと、いたたまれない思いになります。

　この年のことを冷静に振り返ると**「学校は集団でつくっている空間」であることの大切さを教えてもらった気がします。**特に、小学校は担任の先生とほとんどの時間を過ごすので「この子たちのことは自分だけが見ている」と思いがちです。しかし、実際は、子どもたちはたくさんの先生に影響を受け、たくさんの先生に見守られて学校生活を送っているのです。

　また、これは、教師にも同じことがいえます。

　教師も職員室をはじめ、いろいろなところで、自校の先生方と関わります。その関わりの中で、仕事が生まれていることを忘れないようにしたいものです。学校は、決して担任ひとりの力で成り立っているのではありません。そのことを、この年の失敗から肝に銘じています。

叱責によって学級が崩れてしまった…

　教師になりたての頃のことです。その頃は5年生を担任していました。2学期の半ばまでは学級の状態は良好。特に大きなトラブルもなく、順風満帆だと思っていました。しかし、3学期の後半にかけて、女子の中に反発を示す児童が増えていきました。その数は徐々に増え、最終的に最後の数週間ほどは、学級崩壊のような状態になってしまいました。壊れてしまった学級を前に、途方に暮れるばかりでした。今でも心の片隅で、どっしりと居座り続けているような重い重い失敗です。

原因ははっきりしていました。私の叱責の仕方です。他にも様々な原因があったのかもしれませんが、一番の原因は私の叱責でした。多感な高学年女子を、他の児童の前で厳しく叱ったことが原因です。今では決してやらないことですが、当時の私は経験の浅さ故に、そのまずさに気づいていませんでした。自分自身が子どもの頃そのように指導されてきたことも関係しているのでしょう。また、人権に対する知識や人権感覚もまだまだ乏しいものでした。加えて、自分ひとりで学年全体を動かさなければならない状況など、自分の力量を超えるような場面があったことも、叱責を誘発する原因となっていたと考えています。人は、焦りがあると、ふだんはやらないようなことをしてしまいます。私の場合は、それが子どもたちを叱りつけるという行動であったということです。

　順風満帆だと思われていた学級が、崩れ去っていく様は、本当に悪夢のようでした。指示を出しても従ってくれない状況が続くなど、学級の機能が目に見えて低下していき、今までなら普通に出来ていたことがどんどんできなくなっていきました。一日を乗り越えることがあれだけ大変だったことは未だかつてありません。私自身、その出来事でとても傷つきましたが、きっとそれ以上に子どもたちの気持ちを傷つけていたのだろうとも思います。このときの出来事はそれ以降の自分の教師人生を決定づけるものでした。

Before

 自分の内面は…

「言うことを聞かせないといけない」

叱責が生まれやすかったのは、一人で学年全体を動かさないといけなかったり、指示が伝わらなかったりしたときです。おそらくそこには焦りや余裕のなさがあり、それが強い指導を招いてしまいました。

 周りの状況は…

「相談には乗ってもらっていたが…」

学年の先生や管理職にはいろいろと相談に乗っていただきました。しかし、外から学級のサポートに入ることの難しさもあって、なかなかうまくいきませんでした。

 児童はきっと…

「話を聞いてほしい」

児童は話を聞いてほしいと思っていたようです。実際、そういう言葉を投げかけられたこともありました。しかし、子どもたちの行動の裏にある思いや目的に目をやる余裕は、当時の自分にはありませんでした。

▶ ▶ **内面のリフレーミング**

「子どもたちの人権を尊重することの大切さ」

自身の行動の根本に「子どもたちの人権を大切にする」という価値が少しずつ刻み込まれ、常に自分の言動は子どもたちの人権を大切にしているのか、という振り返りの視点が作用するようになりました。

▶ ▶ **同僚のフォロー**

「それはしんどかったね…」

学級が最も厳しい状況になった学年末には、複数の先生に助けていただきました。通級の先生のこの共感的な言葉には本当に助けられました。

▶ ▶ **行動の変容**

「児童の思いを想像する」

負の方向で子どもたちの行動を変えようとするのではなく、できるだけ正の方向で働きかけようと心がけることにしました。当然、叱らなければならない行動はあります。しかし、そのような行動の背景には、必ずそれを誘発する環境や児童の思いがあります。少しずつですが、そういった要因をできるだけ広く捉えながら、子どもたちと関わっていけるようになっていきました。

感情のコントロールが苦手で、叱ったり怒鳴ったりする以外の方法を
もち合わせていなかった。

失敗原因の分類

①無知…教育技術や人権についての知識不足。
④誤判断…子どもの行動の背景を考えることができなかった。

失敗から学んだこと

☑ 子どもたちの人権を尊重することの大切さ。それをいきなり
実現することは難しいが、自身の行動原理にすることによっ
て、1つの振り返りの視点が確立された。それによって、少
しずつ自分の行動を改善することが出来た。

☑ 「子どもたちの行動には理由がある」と捉えることの大切
さ。子どもたちの行動は環境との相互作用の中で発生してい
る。だから俯瞰的な視点で全体を見渡していくことが必要。

☑ 子どもたちの心を傷つけないようにするためには、相手に伝
わる指示の出し方や教え方、叱り方を身につける必要があ
る。

　その後、経験を重ねていく中で、教室で子どもたちを叱る場面は減って
いきました。子どもの気持ちを尊重しながら、こちらの思いを伝える技術
を身につけてきたからだと思います。様々な研修等を通して、人権教育や
特別支援教育などを学んだことも大きな経験になりました。いろいろな子
どもたちに出会ってきて自分の許容範囲がずいぶん広くなったこともある
と思います。子どもたちからは、「やさしい先生」と言われることが多く
なりました。「やさしいからこそ、叱られるときにはきちんとした理由が
ある」と家で子どもが話していると、保護者から伝えられたこともありま
す。その話を聞いたときはうれしく思いました。

　一方で、焦りや不安から、子どもの行動を無駄に叱ってしまうことは今
でもあります。そんなときはあとで子どもとていねいに話をすることにし
ています。どんなときでも子どもの思いを尊重すること、今では自分の中
で最も大切な価値観です。

誕生日会で、ダラダラ取り組んでいる子がいる…

　初任校で4年目、5年生を担任しているときのエピソードです。1年目に担任していた児童の兄弟・姉妹関係の多い学年でした。ケンカやトラブルはよくあったものの、団結するときは、他の学級よりも団結するといった学級でした。保護者との関係もよかったことを覚えています。学級では、毎月お誕生日会を行っていました。みんなで歌を歌い、係が考えた遊びをしていました。

この日のお誕生日会は「フルーツバスケット」をすることになっていました。学級では初めて行う遊びでした。

　フルーツバスケットをしていると、やる気が感じられず、ダラダラしているＳさんが目に入りました。

　このとき、「あんな風にダラダラするなんて、一生懸命取り組んでくれている係の子たちに失礼！」と思い、「ダラダラするな！」と叱りました。すると、「ルールがよくわからない」と言う返事がＳさんからありました。その返事が言い訳のように感じたため、「そんなことも知らんの？」と私はつい言ってしまいました。すると、「私、引っ越してきたから知らないもん。私の知っているルールとちょっとちがうもん」そして、「先生の関西弁が怖い」と言い、その後その子はその遊びをしませんでした。Ｓさん以外で、「フルーツバスケット」は続けましたが、学級は重い雰囲気のままでした。

Before

 自分の内面は…

「どうして…」

Sさんの発言や態度を、お誕生日会のために一生懸命取り組んでくれた係の子たちにとても失礼だと思いました。そして、何よりもお誕生日の子たちをしらけさせてしまう発言や態度であったため、なぜそのような発言をしたのか、怒りがわきました。

 児童はきっと…

「先生の言う通り！」

係の子たちは、先生の言う通りだといった表情をしていました。その一方で、「そんなこといいから早くゲームをしようよ」といった無関心な子どもたちもいました。

 仲のよかった児童

「先生の言っていることもわかるけど…」

Sさんと仲がよかった子どもたちは、先生の言っていることもわかるけど、どうしてそのようなことをSさんに言うのかなといった表情をしていました。

内面のリフレーミング

「それぞれに想いがあるのではないか…」

▶ ▶ 係の子たち、Sさん、周りの子たち、それぞれに想いがあるのではないかと気付いてからは、一人ひとり話を聞き、冷静に受け止めることで、どの子にも寄り添えるようになっていきました。

子どもたちの様子

「そんなこといいから早くゲームをしようよ」

▶ ▶ 「そんなこといいから早くゲームをしようよ」といった無関心の子たちが多いということがとても気になり、トラブルと直接関係のない子たちへの対応のあり方を考えるきっかけになりました。

子どもたちの表情

「子どもたちの不信感に近い表情」

▶ ▶ そのときの表情がいまだに忘れられません。言葉に表すことは難しいですが、「不信感」に近い表情でした。子どもがそういった表情にならないために、様々な子への対応のあり方を見直すきっかけになりました。

特定の子たちの思いを優先し、一人ひとりの思いを考えようとはしていなかった。

失敗原因の分類

①無知…子どもたちなりの理由をそれぞれがもっていることを知らなかった。

④誤判断…マイナスなことを言う子への指導の仕方を誤った。

失敗から学んだこと

☑ 正しいか、正しくないかは抜きにして、子どもたちなりの理由をそれぞれもっている。

☑ どのような理由でもしっかりと聞くということが大切である。

☑ 子どもの行動や一言で一喜一憂するのではなく、冷静に対応することが大切である。

やりたくない！

本当はやり方
わからないの！

　Sさんはこの出来事があった1週間後に急遽決まった親の転勤で転校してしまいました。Sさんと私のわだかまりのような感情が解消されることなくお別れになりました。お別れをする前に、一言「Sさんの気持ちを考えることができなくてごめんね」と言えたらよかったのですが、当時の私は言うことができませんでした。**自分の指導が適切ではなかったことに気がついていたにもかかわらず、素直になれない自分がいました。**

　この出来事があって以来、「やりたくない」「つまらない」「よくわからない」といった**マイナスなことを言う子にもその子なりの理由が何かあるのだと考え、「どうしたの？」と聞くようになりました。**

　このときの失敗がなければ、マイナスなことを言う子に寄り添うことができずに、自分の思いのまま、子どもを指導し続けたことでしょう。そう思うと、今の指導観をつくる大切な失敗であったと意味づけることができます。

何をやっても学級が
落ち着かない…

　初任者で5年生、6年生ともち上がり、初めて卒業生を出したことで教師としての力量に自信をもち始めた頃、何かと職員室で話題に上がっていたクラスを担任することになりました。集中力が低く、授業中に立ち歩いてしまう男児が数名、表面上はおとなしいけれど、裏では陰口や仲間外れをする女児が数名、そして教師の顔色次第で態度を変える男女が多数。こうして書き出してみるとどのクラスにも居そうな面々なのですが、とにかく何を考えているのかわからず、ストレートに心が通じないなという第一印象をもったことを覚えています。

　4月、まずは学習規律を正そうと、とにかく声を張り上げ続けました。授業中に話し声が聞こえると、

　「そこ、静かに！」

　廊下を走る姿を見つけると、

　「そこ、走るな！」

　こそこそ話をしていると、

　「人前で言えないようなことは話すな！」

　とにかく目につく事例すべてに厳しく接しているうちに、どんどん子どもの心が見えなくなっていきました。

5月の連休明け、このままではいけないと学級委員の2人を呼び、自分たちで互いに声をかけ合い、クラスをまとめていくように話をします。2人ともわたしの意図をくみ取り、「静かにして」「授業の準備をしよう」などと声をかけるのですが、なかなか他の子どもは言うことを聞きません。次第に学級委員が孤立し始めてきたために、ちがう方法はないかと本を読んだり先輩の先生から話を聞いたりする日々が続きました。

　そして6月の宿泊学習前、子どもの話を受容的に聞くことが大切だという意見を多く得た私は、にこやかに子どもたちの希望を聞いていきます。グループ分けに不満があれば変更をし、トランプやカードゲームがあれば夜も仲よくできるという声が上がれば取り入れます。これまでの威圧的な態度や、学級委員任せの指導法をやめ、子どもの意見を大事にしながら進めた計画に手ごたえを感じながら宿泊学習に臨みました。しかし予想は外れ、グループの中でケンカが絶えず、活動中あちこちで泣き出す子どももいます。夜になってもなかなか就寝せず、見回りをしても私が戸を閉めた途端笑い声が起こる始末。いったいこれまでの指導の何が悪かったのだろうと、呆然とした一夜でした。

Before

 自分の内面は…

「何とかして学級をコントロールしたい」

当時、高学年の子どもはまず厳しく締めて、ピシッとした雰囲気をつくらないと、後からでは取り返しがつかなく荒れる一方だという指導観をもっていました。それがうまくいかなかったため、1学期の時点で学級経営はもう失敗したと思い込んでいたのです。

 学級の雰囲気は…

「全員で、全身でNoと言ってやる」

4月当初は教師が教室にいると静かにしていましたが、目配せをしたり、こそこそ話をしたりと、素直に話を聞く雰囲気ではありませんでした。ひと月経つと、教師がいても私語をやめず、言うことを聞かない姿勢を全身で表すように変わります。

 児童はきっと…

「もっと一人ひとりの声を聴いてほしい」

一人を指導するときも大声で全員を巻き込む私の姿や、学級委員だけに仕事を頼む様子に、きっと苦々しい思いを抱いていたでしょう。一人ひとりの個性や努力に目を向け、称賛や承認をしてほしいと思っていたはずです。

さらに内面は…

「学級経営のできない教師と思われたくない」

教員3年目で、分掌の主任を任され始めた頃だっただけに、自分は教師として力があるという根拠のない自信をもっていました。それだけに、自分の学級はしっかりしていて当然という思いがあり、同僚から学級経営がうまくいっていないと指摘されることを極端に恐れていました。

同僚のフォロー

「学級は一年かけてつくっていくものだよ」

一学期が終わりに近づくにつれ、どんどん元気を失くしていく私に気づいた教頭先生が、酒席で語ってくれた言葉です。学年最後の修了式の日に笑顔で終われることを目標に、子どもと少しずつ学級をつくっていく大切さを話してくれました。

出合った言葉

「担任の先生が笑顔ならだいたいうまくいくものだよ」

夏休みの研修時に聞いた、学級経営の名人と呼ばれていた先生の言葉です。子どもをコントロールする方法を教えてもらいたかった私は肩透かしをくらったように感じましたが、ともかく2学期は笑顔でいこうと思ったのです。

失敗の本質

目の前の子どもを真っすぐ見ることなく、そのときの教師の意図だけで学級経営の指針を立てていた。

失敗原因の分類

④誤判断…厳しく指導したときに静かに聞く姿から、子どもがこちらの意図を理解していると判断した。

⑧価値観不良…学級経営とは子どもが教師のコントロール下で意図の通りに動くことだと考えていた。

失敗から学んだこと

☑ 実態を十分に把握していないのに、最初から「こうするべき」と決めつけて指導しては子どもとの距離は縮まらない。

☑ 出会いの４月に示した教師の指導方針は、教師の思いだけでなく、子どもへのフィット具合で変えていくべきである。

☑ 学級経営においては、教師の精神的な安定が鍵となる。最後の３月を見据えて、じっくりと取り組んでいくことが必要である。

　夏休み明け、とにかく笑顔で子どもと接することから始めました。そして、朝のあいさつと帰りのあいさつでは「おはよう、○○くん」「さようなら、○○さん」と必ず名前を加えて声をかけるようにしました。これだけを心がけたところ、1週間で子どもの表情から険が消えていったのです。そうすると、授業をしていても休み時間に遊んでいても、とにかく楽しくなり、この子どもたちのために何かしてあげたいという思いがどんどん強くなっていったのです。こちらの意図を伝えるときには、心から大切だと思うことだけを真摯に語るようになりました。子どもに気を遣いすぎなくても、素の態度や言葉で十分伝わることがわかったからです。

　今思えば、若かったためにうまくやろうと気負いすぎていたのでしょう。強引な指導を熱血な指導と勘違いしていたようにも思います。しかし、この何をやっても学級が落ち着かなかった経験から、まずは全身で子どもを見つめ、受け止める担任としての構えが生まれました。子どもをコントロールしようとするのは、人を仕事の道具として見ることと同じくらいあさましい態度であると、今では思うようになりました。

学級づくりに担任のカラーが出ることで
失敗はあるのでしょうか？

樋口万太郎

　私はカラーを出し過ぎている教師です。子どもとの距離感も近い教師と言えます。したがって、「子どもと程よい距離感を保つこと」そして「相手を不快にさせるようなカラーを出さない」ということに気をつけています。たとえば、親しいというカラーを出したいがために、子どもとタメ口で話すような先生がいます。それは相手を不快にさせるようなことになります。

豊田哲雄

　ぼくの場合、子どもとの距離感は遠いのですが、一方で教室に畳やソファー、ベンチがあったりすることは、子どもたちに強烈なメッセージを与えているだろうと思います。時には寝転んで勉強したりする姿もあるほどです。そういった姿は、人によっては規律がないと見えるかもしれませんが、それがそのまま学級の成否を判断する基準になるわけではありません。ただ、無駄な誤解を生まないような配慮は必要だとは思います。

樋口万太郎

　規律の中には「先生が物事を進めやすいようにする」といったものがあるように思います。なぜ畳やソファー、ベンチを置くのか。そこになんの意図があるのか。そこまで考えずに形だけを真似ることは、やはり失敗のもとですよね。

豊田哲雄

　はい。ぼくも落ち着かない学級で畳を置いたことによって、いっそう子どもたちの落ち着きがなくなってしまうという失敗をしたことがありま

す。

　まずは何よりも、授業をふつうに進められるだけの規律と安全の確保が大切です。そのあとは自分の大切にしたい価値観と子どもたちの実態に合わせていろんな選択をしていくわけですが、やはりこの実態に合わせる「アセスメント」の部分が難しいなと思います。日々、失敗の連続です。

樋口万太郎

　ぼくも「失敗の連続」です。周りからそんなことないでしょうと言われるのですが、日々いつ学級が崩壊するのかとびびっています。それくらい失敗の連続です。その失敗を次に起こさないために考え続けないといけないんだろうなと思っています。

豊田哲雄

　ぼくも授業の準備をするときは、「授業が崩壊したらどうしよう」「子どもたちのつまらなさそうな顔を見たくない」という気持ちに突き動かされるようにやっています。それでも失敗することがあるのが現実ですが。

樋口万太郎

　寝る前やお風呂に入っているときでも、数分間で構わないので、今日の授業や学級について振り返る時間を設けることが、失敗を考え続けることにつながります。ただ、失敗を考えすぎてしんどくならないようにしたいものです。一流のプロ野球選手もヒットを打つよりもアウトになることの方が多いわけですから。

第4章

保護者対応・
生徒指導の失敗

叱っていないのに「うちの子が叱られたと言っています」と言われ…

　異動してすぐのことです。同年代の同僚も全くおらず、自分が小学生だったときには、もう教師をしていたという年代の方ばかりでした。1学期も早々のある日、1本の電話が…。それは受けもちの保護者からのもの。内容は、「少し遅れて登校した我が子を、理由もなにも聞かずに、先生が頭ごなしに叱った、どういうことだ！」というものでした。

　私は耳を疑いました。登校時に出会って、あいさつを交わしただけで、全く叱ってなどいなかったからです。今から思えば、その子は、友だちと行く時間に間に合わず、一人でドキドキながら初めての登校をしていたのでしょう。そこで担任である私に出会い、「叱られるかも」と不安になっていたのかもしれません。

私は、保護者に、「登校時には出会ったものの、叱ったというようなことはありません。」と答えました。しかし、保護者は、「子どもが嘘をついているというのですか！？子どもは嘘をつきません！」というばかり。それを聞いた私は、子どもを守る気持ちも出てきて、「私は叱ったつもりはありませんが、お子さんにとって受け取り方がちがったのかもしれません」というような返答をしました。私と保護者が行き違うほど、間にいる子どもがつらい思いをすると思ったからです。しかしそれが大きな間違いでした。

　管理職も入って話をし、一段落したかと思ったら、また別の件でクレームの電話。収まって連絡帳などにお礼のメッセージが書かれていたかと思ったら、またクレームの電話。その翌日には、連絡帳のお礼のメッセージは破り去られていることもありました。

　放課後は、クレームの電話が毎日のように続きました。放送で呼ばれ、職員会議の際も呼ばれ、対応します。会議の真っただ中で、先生方がいる職員室の中、小声で電話対応する。そんな毎日が続きました。

　着任してすぐで、親しい同僚もおらず、ベテラン教師ばかりの職員室で孤独感に苛まれました。若く経験が少ない私が悪い、そう思われているのではないかと周りの目が痛く感じる日が続きました。

Before

 自分の内面は…

「きっと私が悪いと思われている…」

着任してすぐで、自分のことをわかってほしいという気持ちでいっぱいでした。私が悪いのではないのに、若いというだけで、頼りないと見られることが、つらい。そんな毎日でした。

▶ ▶

 職場の雰囲気は…

「若い世代だ。保護者に問題はなく、教師の対応に問題がある」

私以外はベテランと呼ばれる先生ばかりの学校。トラブルには担任一人で対応するというのが当たり前だった時代です。ただ、私の全てを否定していたわけではなかったことは、今になるとわかります。でも、当時の私には理解できませんでした。

▶ ▶

 児童はきっと…

「自分の思い通りにしたい幼さがあったのでは」

同じ小学生でも、それまでの育ちやもって生まれた性格は様々です。自分の思いをずっと反映できる中で育ってきた子は、よくある進級の不安と相まって、様々な欲求を母親にぶつけていたのでしょう。

▶ ▶

内面のリフレーミング

「自分ができることに集中すればいい」

同僚によく思われたい、という思いが強かったのでしょう。前任校では頼りになると見られていた私は、異動先でもそうありたいと思うがあまり、周りの目ばかりを気にしていたように思います。大事なのは、自分ができることを精一杯に行うことが一番です。

同僚のフォロー

「飲み会を企画。自宅にも来てくれて…」

心から私を心配してくれた10歳ほど上の先輩。ベテラン勢にも声をかけ飲み会をセッティングしてくれたり、自宅にも来て何気ない会話をしてくれたりしました。ベテランと若手の間で、苦労している表情を見かけたこともありました。今の私の若手への接し方の原点です。

出合った言葉

「先生の授業を見て、本当によい先生が来てくれたな、と思ったよ。いつも笑顔で、自信をもったらいい」

2学期の終わりごろ、ベテランの先生から頂いた言葉です。自分のやるべきことは、子どもへの授業。その神髄を認めて頂いて、涙が出ました。

あいまいな態度が誤解を招いてしまった。様々な状況を加味しつつも、事実は事実として答えることが必要であった。

失敗原因の分類

④誤判断…実際に起こったことと子どもへの教育上の配慮を混同してしまった。

⑥制約条件の変化…上記の誤判断により、時間をかけて保護者へのていねいな対応を重ねても、事態がよくなることがなかった。

失敗から学んだこと

☑ 『NO』をきっぱり言い切る態度も、時には必要。
事実と教育的配慮を分けて考え、事実については、物腰を柔らかくしながらも、事実上の事柄をゆがめないように整然と述べることが重要であることを学んだ。そのうえで教育上の配慮を重ねるという2段構えが大事であると考える。

感情には温厚に

時々は冷静に

　保護者対応で大事なことの1つに傾聴という姿勢があります。ただしこれは、何もかも保護者の言うことを認めることではありません。起きた事実については、冷静さをもって伝える必要があるということを学びました。この保護者に対しても、何があったのかという事実を冷静に伝え、子どもの育ちをていねいに見取って話していくことにより、少しずつ関係は改善していきました。

　どんな対応であっても、**事実は冷静に伝え、保護者の気持ちには温厚に付き合うようにしています。また、冷静に事実を伝えるためには、複数の目や客観的事実が必要です。**そのため、普段から、複数対応をお願いしたり、事実を掴むために記録をとったりするようにもなりました。

児童が怪我をしたときの
対応に失敗した…

　音楽会の前日、鑑賞用の児童椅子を体育館に運んでいたときのことです。担任をしていた3年生の児童は、それぞれ一生懸命に椅子を抱えて歩いていました。そこで、児童Aが運んでいた椅子が、同じく椅子を運んでいた児童Bの腕に当たり、腕の皮膚が椅子に挟まれて内出血をしました。

　私は他の児童に呼ばれてその場へ行き、怪我の程度と本人の様子を観察しました。傷はほんの1cm程度。内出血の色も薄く、本人も大丈夫というので安心しました。怪我を確認したあと、2人に事情を聞きました。すると、児童Aは決してふざけていたわけではなく、たまたまぶつかってしまったのだと言い、児童Bもそれをわかっていました。2人は特に揉めていませんでしたが、児童Aが児童Bに謝る機会を設け、私は児童Bに、「保健室で冷やしてもらおうか。内出血だから、日が経てば治るよ。」と言いました。児童Bは、「痛くないから大丈夫。体育館へ椅子を運ぶ。」と言い、活動を続けたのです。

その日の放課後、児童Bの保護者から電話がありました。保護者は初めからかなり怒っている様子でこう言いました。

　「うちの子が腕に怪我をして帰ってきたんですけど、聞いてみると児童Aにつけられた傷だというじゃありませんか。その傷に対して、先生は、『日が経てば治るよ』と言ったんですか。それは本当ですか。そんな言い方がありますか。先生は他の子にやられた怪我を親に報告しないんですか？日にちが経てば治るから我慢しろというのですか。無責任です。」

　ここで私はハッとしました。怪我をしたときは、保護者へ電話や連絡帳で連絡をしていましたが、私は無意識のうちに「怪我の程度」で線引きをしていました。この保護者の話から考えると、「怪我の程度」だけではなく、「怪我が起きた原因」も重要だったのでは、と感じたのです。もちろん私も、「怪我が起きた原因」を考えなかったわけではありません。今回の怪我は「故意に起きたものではない」ということが、「連絡をしない」という判断へつながっていました。そして、内出血は自然に治ると私自身が考えていたことを、つい児童Bにも伝えたことが、保護者に自分の子どもを軽く見ている、と感じさせてしまい、さらに不信感を生むことになってしまったのです。

Before

 自分の内面は…

「大した怪我じゃないし、わざとやったものでもないから大丈夫だろう」

児童Bに怪我の確認をしたとき、痛がる様子もなく、児童Aに対しても寛容であったこと、その後の児童Bが元気に過ごしていたことから私は安心しきっていました。

▶ ▶

 職場の雰囲気は…

「ああ。保護者には保護者なりの思いがあるからね」

電話がかかってきたことを学年や管理職に報告した際、今までも度々学校へ怒りの電話があり、かつての担任が悩んでいたことを知りました。

▶ ▶

 児童はきっと…

「怪我は痛くないし、大丈夫だよ」

児童は、怪我の後もいつも通り過ごしており、次の日も変わりはありません。私は「日にちが経てば治るって言ってごめんね。痛かったよね。」と謝りましたが、「大丈夫！」の一言で終わりました。

▶ ▶

内面のリフレーミング

「保護者に心配させないために、連絡しよう」

▶ ▶ 私が安心したのは、怪我を確認し、状況を知り、当事者である二人と話し合っているからです。保護者はそうではありません。知らないままだと不安にさせてしまうことも多々あるのです。一本の電話が安心につながります。

同僚のフォロー

「子どもが大切で仕方ない親の気持ちもわかってあげて」

▶ ▶ 保護者からの電話で私が落ち込んでいるとき、同僚は私を励ましながらも、こう言いました。親の立場で考えることの大切さを改めて感じました。

出合った言葉

「信頼を失うのは一瞬、取り戻すのは一生」

▶ ▶ 長い時間をかけ、子どもや保護者と信頼関係を築いてきても、一つの出来事で信頼は簡単に失われます。トラブルや事故が起きたとき、想像力をもち、事態を俯瞰的に見ることが大切です。

怪我をした原因を軽視し、保護者のことを考えずに、対応したこと。

失敗原因の分類

②不注意…椅子を体育館に運ぶ際、もっときめ細やかな指導があれば、ぶつからなかったかもしれない。

④誤判断…大した怪我ではない、わざとつけられたものでもない、だから連絡をしなくても大丈夫と教師基準の思い込みで、連絡をしないという判断をしたこと。

失敗から学んだこと

☑ 怪我をしたときの電話の判断については、「怪我の程度」や「故意か過失か」というような「教師基準」ではなく、保護者がどう思うか、ということも考える必要があること。

☑ 児童が納得した状態で帰宅していても、保護者がそうでない場合もあるということ。

☑ 児童Bの保護者の特性について、認識が甘い部分があったため、学年や学校全体で情報を共有しておくこと。

　児童に怪我が生じたときは、
①怪我の程度を確認　②怪我人の状態確認　③怪我の原因の調査　④保健
室へ行かせるかどうかの判断　⑤保護者へ怪我の報告をするかどうかの判
断など、教師に判断を委ねられることが多くあります。この判断のミス
が、その後の大きな失敗につながるのです。

　教師としての私がどう思うか、児童がどう思うか、という基準はいろい
ろな判断をするときに大切なことだと思ってきました。**そこへ、「保護者
はどう思うか」も入れて、考えなければいけないと気づかされました。**

　担任にとっては、30人いるうちの1人、35人いるうちの1人かもしれ
ません。しかし、保護者にとってはたった1人。大切で、かけがえのな
い子どもです。自分の子が大切にされていないような言動をとる教師を信
用するはずがありません。言葉は、もっと注意深く使わなくてはいけない
と痛感しました。

保護者対応が後手に回った…

　初任の年のことです。その年、私は大変な学級を担任していました。授業では常に数人の児童が立ち歩いたり床に寝そべったりし、少し目を離せばケンカが始まるような状態が4月の時点から続いていました。最終的には学級は落ち着いていったのですが、半年ほどは本当に大変な日々を送っていました。

そんなある日のことです。朝、登校したばかりの児童が、手紙を手渡してきました。保護者からの手紙です。中を読んでみると、同じ学級の男子児童から、嫌がらせを受けているというようなことが書いてありました。そのような連絡を受けた場合、本来ならばその日の内に双方から事情を聞き、ある程度の解決を図ったうえで、放課後に保護者に連絡をするべきでしょう。しかし、授業時間も休み時間も関係なく、ひたすらトラブルの対応に追われていた私は、手紙を渡してきた児童に事情を聞くだけで、それ以上の解決を図ろうとはしませんでした。嫌がらせをしていると書かれていた児童への対応は、明日以降に行おうと考えていたからです。同程度のトラブルは、日常茶飯事であったということも関係しています。

　次の日の朝、保護者から学校に電話がかかってきました。当然、内容は昨日のことです。なぜうちの子どもだけに事情を聞いて、相手児童には事情を聞かないのかと、すごい剣幕で怒られました。結局、その日の内に対応をし、夕方にその内容を電話で報告した結果、それ以上のトラブルには至りませんでしたが、解決に至るまでの精神的な疲労は多大なものとなりました。

Before

自分の内面は…

「こういうトラブルはいつものことだから」

学級ではトラブルが常態化しており、保護者が手紙を通じて訴えてくるということの重大性を軽視してしまっていました。また、日々トラブルの対応と授業に追われ、心にも時間にも余裕がなくなってしまっており、対応が遅れてしまうことになりました。

職場の雰囲気は…

「大変そうだな」

私の学級が荒れていることを知っている同僚や管理職はいたものの、どのようにフォローをすればいいのかがわからない状態だったと思います。自分自身もどのように力を借りればいいのかわかりませんでした。

児童はきっと…

「何らかのアクションを…」

児童も保護者も、何らかのアクションを期待していたはずです。実際、こういった場面は、すぐに解決できるかは別にしても、まずはアクションをとること自体が重要です。しかしそれを忘れてしまっていました。

After

内面のリフレーミング

「荒れているならば、なおさら余裕を作り出す工夫を」

学級が荒れていると、トラブル対応に追われ、疲弊します。ならば、授業でやることを少なくしたり、ゆっくり校庭を散歩する時間を作ったりするなどして、学級に余裕をつくっていくべきだと感じました。

管理職のフォロー

「管理職の力を借りる」

保護者からのトラブルの訴えは、どんなものでも落ち込むものです。場合によってはショックで正常な判断ができなくなってしまうことがあります。だから、この出来事以降、保護者から連絡帳等を通して訴えがあった場合、朝の時点ですぐにコピーを取って、管理職に渡し、情報の共有を行うことにしました。

出合った言葉

「チームで対応する」

管理職に早い段階で事態の共有をしておけば、指示を仰ぐことができました。また、児童への聞き取りも、他の先生に教室を見ていただいている最中に行うこともできたでしょう。チームで対応する重要性を痛感しました。

優先すべきことを後回しにしてしまった。

失敗原因の分類

⑧誤判断…トラブルが常態化しており、そのことが判断を誤らせた。

失敗から学んだこと

☑ クラスに荒れが生じているならば、意図的に余裕をもって過ごせるようにする。そうすることによって、突発的なトラブルにも対応できるようになる。

☑ 保護者からの訴えが連絡帳等を通して寄せられた場合、それを受け取った時点でコピーをし、管理職や学年の先生に手渡し、共有を図る。早い段階で共有することによって、チームでの対応を可能にし、自身にかかる責任を軽くすることができる。

☑ トラブルはその日中に対応し、どのような対応を行ったのかと今後の見通しを保護者に報告する。

　幸いなことに、このときに比肩するほど大変なクラスにはまだ出会っていませんが、どんなクラスにおいても、トラブルにはその日中に対応することと、保護者からの訴えがあった場合はすぐさま管理職に報告することは今に至るまで続けています。

　また、余裕をもって過ごせるようにすることも、クラスの状態に関係なく、大切なことだと考えています。先生を始めて3年ぐらいが経つと、ずいぶん授業をすることにも慣れてきて、教材研究にも熱が入るようになりますが、そうなると今度は、ついつい授業を延長したり、子どもたちに高いレベルの課題を求めたくなったりすることがあります。そういったことが全て悪いわけではありませんが、時によっては子どもたちと先生の双方の余裕をなくしてしまうことに繋がってしまいがちです。授業なら45分を目いっぱい使ってやるのではなく、ほんの少し足りない程度のボリュームでやるぐらいの気持ちが大切だと考えています。

　学校にはトラブルがつきもの。だからこそ日頃から余裕のある時間の過ごし方を心がけて、いざ何かがあったときには万全の体勢で対応できるようにしておきたいものです。

４月に乱暴な指導を行い、１年生を学校嫌いに…

　初めての低学年、初めての１年生の担任となったときのことです。「はじめて学校生活を味わう１年生に、何を伝えてあげればいいのか」「まだ入学して間もない１年生に、どのように伝えれば言葉が届くのか」そんなことを、入学式を迎えるまでずっと考えていました。そして、入学式を終え、４月の毎日をどうにかこうにか過ごしていました。

そんなある日、ある授業で、事件が起こりました。ある子がとなりの子に向けてハサミを向けたのです。それも、歯の切れる方を顔に近付け、あたってはいないものの、一度「チョキン」と切る音をさせました。

　これに気がついた私は激怒しました。

　「なんて危ないことをするんだ！！！！」

　怒られた本人は、きょとんとしており、私が焦って指導していることにも動じていないような様子でした。指導を受け、ひとまずはその行動を止め、また学級は授業の時間へと戻っていきました。

　翌日、連絡帳が届きました。

　「先生が怖いというので、学校に行くことができません」

　そのようなことが書かれていました。「先生が怖い」と訴えたのは、その子のとなりに座っている子でした。これには、私も「え！？」と驚きました。指導をした子どもが、そのように感じて欠席するならまだしも、どうして怒られてもいないとなりの席の子が！？と私は戸惑いを隠せませんでした。これまでの学年では、そのようなことは一度も起こったことはありません。なぜ、そのようなことになるのか、まるで理解できなかったのです。

先生がこわいみたい

どうして…!?

Before

 自分の内面は…

「まさかそんな風に捉えるとは…」

「いけないことをした子はきちんと叱る」これは当たり前のことです。その子がいけないことをしたときには、指導をする。その子のためを思って全身全霊で指導する。そのときに、周りの子どもたちへの配慮をすることは一切考えることができていませんでした。

 学級の雰囲気は…

「どの子も不安をもちながら登校している」

入学間もない子どもたち。期待もいっぱい不安もいっぱいです。教師はその子どもの思いをどれだけ想像してやれるかだと思います。学校のことを何も知らないということをいつも忘れないようにしたいものです。

 児童はきっと…

「先生ってこんな怒り方をするんだ…」

「厳しい先生」は必要です。しかし、「教師は子どもの鏡である」ことも忘れてはいけません。乱暴な言葉や横柄な態度は百害あって一利なしです。このことを肝に銘じて日々、指導に当たっています。

内面のリフレーミング

「指導は聞いている全員を対象とするものである」

▶ ▶ 指導はその子のためのみ
　　　　　　　　　　・・
ならず。授業中に行う指導であれば、当然、1対1で話を聞いていても周りの子どもたちも先生の話を聞いています。そのことを踏まえて指導することで、全体への影響を見直すようになりました。

同僚のフォロー

「1年生にはそういうことがあるからね」

▶ ▶ 教務主任の先生のこの言葉は「1年生とはそういうものなのか」と、私の視野を一気に広めてくれるきっかけとなりました。

出合った言葉

「教師はその姿を常に見られている」

▶ ▶ 社会科名人、有田和正先生の言葉です。教師は、子どもから、保護者から、同僚から、地域からいつも見られているのです。そのことを忘れず、ていねいな言葉遣い・行動をいつも心がけることが大切です。

「1対1で叱っている場面であっても、教師は常に他の子どもたちから見られている」という意識が低かった。

失敗原因の分類

④誤判断…1対1で指導する状況であっても周りの子どもたちに影響があることを捉えられていなかった。

失敗から学んだこと

☑ 教師の言葉遣いや行動は常に見られているということ。教師は自分の思っている以上に言動や行動に気を使わなければならない。

☑ そのためには、「いつも見られている」という意識をもつことが必要。教室内でも「もし保護者が見ていたら」「もし尊敬する先輩が見ていたら」という意識で過ごすようにする。

　その後、その子は少しずつ学校生活に慣れ、徐々に笑顔を見せる回数が増えていきました。私はその子の保護者と密に連絡を取りながら、学校の様子をよく見るように心がけ続けました。

　さくら社代表取締役（もと千葉県公立小学校教諭）である横山験也先生は次のように言います。

　「教室の後ろにはいつも保護者が見ていると思って授業をしていた」

　この話を聞き、どうしても自分だけの空間になりがちな教室ですが、客観的な意識を高めることを学ばせていただきました。

　自分を律する、自分を高めるためにはそのような意識を自分自身でもたなければいけません。私は、この一件から「自分の言動や行動は正しいのかどうか」をいつも意識するようになりました。

　横山験也先生は次のようなお話をされます。

　「正しいの『正』を分解すると『一』と『止』に分けることができる。つまり、正しい言動・行動を取るには、ちょっと止まって考える必要がある」というお話です。自分の言動や行動は正しいかどうか、いつも「ちょっと立ち止まって考える」ことをこれからも意識していこうと思います。

物隠しの犯人探しで、長時間お説教をしてしまった…

　初任校で5年目、6年生を担任しているときのエピソードです。この年は、前年度から学年をもち上がっていました。そのため、学級の3分の1の子ども達は5年生で担任をしていた子たちでした。5年生のときも比較的学級がうまくいったと思っていました。しかしながらこの学年は、「受けもちたくない」と同僚から言われるような学年でした。このときの私は、自分の学級づくりに変に自信をもっていました。だから、しっかりと私の力で子どもたちを成長させようと思っていました。

6月、学級で物隠しが頻繁に起きました。学級会を開いて、情報を集めることにしました。通常の学級会は子どもが司会をしていたのですが、この日は私が司会をし、「物隠しが頻発している」という状況を真剣に話し、「なんでもいいから情報がほしい」ということを言いました。みんなの前では話しづらいと思ったため、「昼休みまで待ちます」と言い、待ちました。

　しかし、昼休みになってもだれも言いに来ることはありませんでした。そこで、5時間目に急遽話し合いをすることにしました。

「授業をしている場合じゃない」

「だれも言いに来ないとはどういうことだ」

「何を考えているんだ」

「そもそもどうしてこういうことが起こるんだ」

などと多くの時間にわたって、大きな声で子どもたちを叱りました。

　数日後、学校に複数の保護者から「多くの時間をとって長く説教するとはどういうことだ」という苦情の連絡が入りました。

　今振り返ると冷や汗が流れる若い頃の失敗です。

2時間経過…

どういうことだ!!

Before

 自分の内面は…

「どうしてだれも言いに来ないんだ！」

昼休みまで待てば、きっとだれかが言いに来てくれることだろうと思っていました。しかし、だれも来なかったことに失望し、怒りがふつふつとわいてきていました。怒鳴り声で指導することで、子どもたちは反省をしてくれると思っていました。

 職場の雰囲気は…

「本当にその指導でよかったのか」

職員室でこの話を学年の先生にしたときに、ベテランの先生に、「本当にその指導がよかったのか、もう1度考えてみなさい」と低い声で言われました。

 児童はきっと…

「めんどくさいな…」

子どもたちはみんな神妙な顔つきでした。しかし、「だれも言いに行かなかったのか」「いつになったら先生の説教が終わるのかな」「めんどくさいな」などと内心思っていたことでしょう。

内面のリフレーミング

「これで反省をしただろう」

▶▶ 怒鳴り声で子どもたちを叱った後、私は「これで反省をしただろう」と一種の満足感がありました。しかし、翌日も靴隠しが起こりました。そして、複数の保護者からの苦情の連絡があったことに、自分の指導がまずかったことにやっと気がついたのです。

同僚のフォロー

「興奮状態だった私を…」

▶▶ 職員室でこの話を学年の先生にしたとき、私は興奮状態でした。左の一言は、興奮状態だった私を落ち着かせてくれるものでした。今思えば、実は自分自身でもこの指導に疑心暗鬼だったため、職員室で興奮状態になるぐらいに話をしていたのです。

内面のリフレーミング

「自分ごととして考えられる取り組み」

▶▶ 怒鳴り声で説教するのではなく、子どもたち一人ひとりが自分ごととして考えられるような取り組みを行う必要性に後から気づくことになりました。

物隠しの原因や解決策を考えずに、子ども任せにしたり、怒鳴り声で叱ったりしたこと。

失敗原因の分類

②誤判断…「昼休みまで待ちます」や怒鳴り声で叱ったことが靴隠しを解決することには直接関係しないこと。

④調査・検討の不足…自分で靴隠しに関する情報を収集せずに人任せにしたことや、これから靴隠しを起こさないための方法を全員で考えることをしなかった。

失敗から学んだこと

☑ 子ども任せにするのではなく、自分で対策を考え、子ども達に伝えるということも大切である。

☑ 冷静に、真摯に対応することが大切である。

☑ 怒鳴り声で叱ることでは何も解決しない。

帰れ〜!!

　私が小学生のとき、「やる気がなかったら帰れ！」と言われたり、怒鳴り声で叱られたりしていました。その叱られた理由は私自身にあることはわかっていました。だから、叱られることは仕方がないと思っていました。しかし、その「やる気がなかったら帰れ！」と言う言葉や怒鳴り声で叱られること自体には嫌悪感を抱いていました。それにもかかわらず、**同じことを目の前の子ども達にしてしまっていました。**

　複数の保護者からの苦情の連絡よりも同僚からの言葉で、ハッと気づき、自分の指導がとてもまずかったということに気がつきました。この出来事以来、**子どもから情報を集めつつも、自分で対策を考え、子ども達にその対策を伝える**ということも行いました。

　このときの失敗がなければ、独りよがりの、怒鳴り声で叱るといった自分本位の姿勢で子どもを指導し続けたことでしょう。そう思うと、今の指導観をつくる大切な失敗であったと意味づけることができます。

おざなりな対応のせいで
面倒な案件に…

　ある日の授業が終わった後、一人の女の子に呼び止められました。深刻そうな顔で、グループ学習のときに、友だちに自分の順番を飛ばされたり、意見を聞いてもらえなかったり悲しい思いをしたことを訴えてきました。普段から真面目でルールをよく守っている反面、友だちの言動にも厳しい目を向けがちなその子どもの性格を思い出した私は、よくあるグループのいざこざであろうと捉えました。「つらい思いをしたね」と慰めるとともに、「他の子どもに話を聞いてみるよ」と言ってその場を離れました。

　先ほどの女の子以外のメンバー4人を集めて話を聞くと、特に活動中ケンカになるようなことはなく、みんなで仲よく活動していたと口々に答えました。女の子の様子はどうだったか、どう思っているかを聞いても、全員がよい印象をもっている話しかしません。そこで私は女の子を呼び、順番を飛ばしたり、意見を聞かなかったりした事実はなかったと伝え、「気にすることはないよ」と話します。女の子は無言でうなずきました。

その日の夜、女の子のお母さんから電話が入ります。かなりご立腹で、自分の子どもがいかに不当な扱いをされたか、いかに担任の対応がずさんであったかを訴えてきました。お母さんが腹に据えかねたのは、大きく次の３つでした。

・グループ学習のときのトラブルは今回に限ったことではなく、これまで複数回あったということ
・女の子は他の４人から一方的にグループ学習の役割を決められたり、仕事を押し付けられたりするなど、不当な扱いをされてきたこと
・意を決して担任に相談したのに、話を聞いて何もありませんでしたでは、何も対応していないのと変わらないこと

　電話で話されている内容と、私の把握していた（と思っていた）内容との落差の大きさに戸惑いながらも、もう一度聞き取りを行うことを話して電話を終えました。

　次の日からグループのメンバーを一人ずつ呼んで聞き取りをし、整合を図り、わかったことを女の子のお母さんに伝えるという対応が続きました。お母さんが求めているであろう答えを探りながら、子どもたちの言葉をどこまで信じればよいか迷いながら、何をしても間違った対応なのではないかと不安に感じる毎日になりました。

Before

 自分の内面は…

「子ども同士のいざこざは成長の糧」

子どもはぶつかり合いけんかをする中で人間関係をつくっていくものだと考えていました。多少つらい思いをすることも必要な過程で、教師はあまり間に割って入るべきではないというのが指導の方針でした。ですから、今回の件も取り立てて問題にするほどのものではないと捉えていたのです。

 学級の雰囲気は…

「乗りがよくて目立つ子どもは楽しそう」

若かった頃は、自分に寄ってくる子ども、自分がいじりやすい子どもとのやり取りだけで学級はうまくいっていると思っていました。教師がいるときはニコニコと素直な顔ばかりが見えており、全員が楽しめているのだと信じていたのです。

 児童はきっと…

「がんばっている私、駄目な私も見てほしい」

生徒指導といっても、がつんと叱る、なぐさめるといった対症療法的な指導を、事案が起きるたびにしていただけでした。本当は、表面的な行動だけを見るのではなく、一人ひとりの困り感に寄り添ってほしいと願っていたはずです。

さらに内面は…

「突発的な生徒指導は余計な仕事である」

振り返ってみると、若い私は上のような思いを無意識に抱いていたように思います。ですから、子ども同士のトラブルが起こっても解決するのをどこか面倒だと感じており、根本的な解決よりも教室の明るい雰囲気で引っ張ることを選んでいました。

同僚のフォロー

「生徒指導とは学級経営の根幹だよ」

女の子のお母さんへの報告が毎日続く中、大きな事件が起きない学級の方が楽でよかったとこぼす私に、当時の教頭先生が教えてくれた言葉です。生徒指導とは何か事案が起きたときにすることだと思っていた私には衝撃でした。

出合った言葉

「川は岸のために流れているのではない」

「川のために岸がつくられているのである。」と続く東井義雄先生の言葉です。川を子どもに、岸を教師に当てはめたとき、自分が子どもを自己実現の道具として見ていたことに気づき、恥ずかしくなったのを覚えています。

被害者側の意識に寄り添って原因を究明することをせず、表面的な聞き取りと指導で事件を解決しようとした。

失敗原因の分類

②不注意…教室やグループの中で起こっている様々な事象について理解できていなかった。

⑧価値観不良…被害者の子どもや保護者が求めているものと異なる対応をしても不思議に思っていなかった。

失敗から学んだこと

☑ 起こった事案では、何よりも一番傷つき、つらい思いをしている子どもに最大限寄り添う必要がある。

☑ 事情の聞き取りは一人ずつ行い、整合を図った後に全員を集めて話すというように、生徒指導には明確な手順がある。

☑ 誠意のない指導は、子どもにも保護者にも不信感を与えるだけである。

　我が子を大事にしたいと願うお母さんの心情にふれ、何か起こってから対応するこれまでのような生徒指導を改善したいと考えました。そこで、これまで以上に授業の中で教え合ったり、訊き合ったりする場面を設定するようにしました。グループごとの活動も、役割を分担する形からフラットな関係で必要なときのみ要請する形へと移行します。併せて係活動や当番活動を活性化させ、学級全体が関わり合いながらもよい方向に向かうよう仕組みを整えました。そして、なかなか担任に話しかけて来ない子どもには、こちらから声をかけるようにします。読んでいる本をチェックして話題を集めたり、仲のよい子どもを介して話しかけたり、そんな地道な対応を１カ月ほど続けたところ、明らかに子どもたちと目線が合うようになりました。私が子どもを見た瞬間、子どもも私を見ていることが増えたのです。これはうれしい体験でした。

　悲しい思いをした女の子とも「〇〇君にこんなこと言われたけど、言い返しちゃった。」と冗談を言ってくれるまで仲良くなりました。それから今に至るまで、まずは一番つらい思いをしている子どもの味方になろうという姿勢は変わっていません。

COLUMN

保護者対応の失敗への向き合い方は、
どのようにお考えですか？

丸岡慎弥

　私としては、失敗案件自体の問題というより、それまでの信頼関係が大きく左右するのではないかと思っています。

松井恵子

　そうですね。案件自体の問題ではなく、信頼関係の問題ということも多いと思います。ただし、保護者対応については、何が地雷かわからないことも多いのです。学校はサービスを受けるところというような感覚でいる保護者もいます。学校は、保護者や地域と共に子どもを育てるところという価値観が減少しているように感じます。「うちの子がかわいそう」。その感情の呪縛は、子ども自身の成長を止めてしまう。大人に、もっと抽象度の高い子育ての感覚を育てなければならないと感じます。

丸岡慎弥

　保護者も昔に比べて変化していっていますよね。「えっ、そんなことを言われても…」と思うようなケースも増えてきました。「なんでこんなことを学校がするのかなぁ…」という感覚をもつことも増えてきた気がします。松井先生のおっしゃる通り「保護者と育てる」という感覚が、これからますます若い先生にも求められるのかもしれません。

　その中でも一つ思うのが「保護者も子育てがわからない」ということです。それは、今に始まったことではありませんが、核家族化が進み、地域のコミュニティが薄れ、保護者自体も孤立してしまっていることも少なくないと思うのです。そこに教師が気づいて、保護者に寄り添って問題を解決していくか、それとも「なんでこんなことを学校が…」「間違っている

んじゃないか」みたいな感情で保護者と向き合うかで、結果がまるで変わってくるのだと思います。「なんでこんなこと…」「腹が立つなぁ」と思いながら対応をくりかえしていくと、本当に取り返しのつかない失敗になってしまうのかなぁと最近よく思うようになりました。

松井恵子

　丸岡先生のおっしゃる通り、教師が保護者に寄り添う姿勢を見落とした対応は、事案解決の着地点を見出せず、取り返しのつかないことになりかねません。私は主任や管理職として担任と共に家庭訪問や懇談に幾度となく複数対応していますが、ていねいに傾聴の姿勢で対応できる方は、特例の保護者を除いて、解決の着地点を見出せます。

　生徒指導も保護者には子どもを通して先生の対応の仕方が概ね届きます。誤解をされる方も中にはいますが、その際は、事実は冷静に伝え、保護者の感情には温厚に答えて話をすれば、事案が落ち着く場合が多いです。

　どうにもこうにも、感情に飲まれ、モンスターのようになってしまっている方が稀にいます。この稀な存在と対峙するのが教頭としての私の役目なのですが、感情を受け止めつつ、吸収はしないようにして自分の健康は保ちます。受け止めるところは、保護者の子どもを思う気持ち、吸収しないように防ぐところは、攻撃的な感情部分です。着地ができない場合もあるんです。

　担任の先生方に言いたいのは、保護者からの理解が得られないことすべてを、担任である自分のせいだと決して思わないでほしいということです。

　反省は行動できる部分に変えて、もし、一部の保護者に理解を得られなかったとしても、子どもには愛を注いで、すべきことに邁進してほしいと願います。

教師の表現力について、もう少しお話させてください。

　たとえば、生徒指導事案などで、保護者に疑問を抱かせた場合、担任が反省すべきところも必ず出てくると思うのですが、反省すべきところを保護者に謝るとして、十分伝えられる人とそうではない人がいるように思います。

　その根本はやはり丸岡先生のおっしゃるように気持ちの奥底にあるものが見えてしまう場合が多いのですが、「すみません」としか表現出来ず、保護者に思いが伝わらないという場合があります。その際は、

　①保護者の思いを受け止めて、もう一度繰り返して言葉にする

　②すみませんのトーンや目線

　③これから自分がどう行動していくかを伝える

　この3つを目安に伝える「コミュ力」をつけていくことも必要かなと思います。

丸岡慎弥

　確かにそうですよね。事実はきちんと伝えなければいけない。しかし、保護者の感情には寄り添わなければいけないですね。私は、1年間、プロの心理療法家の方から直接心理学を学ばせていただきました。重要なことは、相手のことを受け止めつつも、自分を守ることなのです。私は、カウンセリングの後には「スクリーニング」が大切だと教わりました。保護者の思いや感情を受け止めた後には、自分の中にたまったメンタルの部分をきれいにケアしなければいけません。

　今回の本のテーマは「失敗」ですが、失敗を活かすためには、立ち上がらなければいけません。立ち上がるためには、そのためのスキルとマインドセットが必要になります。

松井恵子

　丸岡先生は色々勉強されてて、すごいなあと。立ち上がり方、折れない方法も伝えないといけないですよね。

　若い先生方には、失敗から学び、新しい自分にパワーアップしていってほしいと切に願います。

第 **5** 章

働き方・校務分掌
の失敗

働き方の失敗

一人で仕事を抱えこんで しまった…

　ある勤務校で私は研究部に所属していました。研究部は、研究授業や校内研修の運営、年間3度ほどある公開研究会の計画立案・運営などを担います。仕事が最も多い分掌だったのですが、メンバーは4人と少数で担っていました。さらに学校の研究を本に残すことになり、その担当が研究部である私になりました。私はその本に対して思い入れが強かったことから、今の仕事にプラスして、うまく仕事をこなそうと、やる気に満ちていました。

　しかし、そう簡単にはいきませんでした。

　全員の原稿ができあがってきたとき、出版社に提出する前にすべてに目を通します。誤字・脱字のチェックだけでなく、1本1本の内容も学校の研究や本の筋に則っていなくてはいけません。4人で協力しながら1人30ページ程度チェックし、さらに相互チェック。終わる頃にはいつも目が真っ赤になっていました。

その後、出版社から帰ってきた原稿をチェックし、再度修正して、提出します。出版する日から逆算すると、どんどんと期日が迫り、仕事は圧迫されていくようになりました。その間、研究部の他の仕事ももちろんあります。私は、自分が担当する本のせいで、他の研究部の仲間に大変な思いをさせていることに責任を感じ、原稿のチェックや修正の依頼を自分一人でするようになりました。ある日、出版社から120ページの原稿が届き、それが最終チェックになりました。ほかにする仕事があり、3日ほど過ぎてしまったことで、明日には提出しなければいけないという日、追い詰められた私は、原稿を前に呆然としていました。

　夜遅く…一人の研究部の先生が、

「それ、どうしたの。今からやるの？もうこんな時間だよ。」

　私は、返事をしようとしても、うまく声にならず、やっとの思いで伝えました。明日までにチェックをしなければいけないこと、まだ100ページほど残っていること。すると、その先生はすぐに、「分担してみんなでしよう。すぐ終わるよ！」と言ってくれました。

　その後、残っていた5人ほどで原稿を分け、1時間ほどで作業を終わることができました。帰れないかも…と思っていたのに、あっという間に終わったのです。さらに、手伝ってくれた先生はみんな笑顔で、私はすっきりと晴れやかな気持ちになっていました。

Before

自分の内面は…

「みんなに迷惑をかけてはいけない。私が引き受けた仕事なんだから。」

自分が担当した仕事を自分でやりきるのは当たり前、うまくできないのは自分が悪い。自分のせいで他の人に迷惑をかけたくないと強く思っていました。　▶ ▶

職場の雰囲気は…

「早く言えばいいのに。自分を追い詰めたらいけないよ」

行事が多い学校だったので、みんな忙しくしていました。しかし、困ったときに助けてくれる仲間はたくさんいたのです。それなのに、頼ることがなかなかできない自分がいました。　▶ ▶

家庭では…

連日帰宅が遅くなり、家事ができなくなったり、夫婦の会話が減ったりするなど、悪影響がでるようになりました。体調面では、髪が抜け、眠りが浅くなって、家族に心配をかけてしまいました。　▶ ▶

内面のリフレーミング

「一人でした仕事は一人の目。みんなでした仕事はみんなの目で確認できる」

▶ ▶ 一人で仕事をするほうが速いこともあります。しかし、今回の私の仕事は確実に複数でやるほうが速く、的確でした。仕事がイレギュラーに増えることもありますが、チームでするということの大切さを学びました。

同僚のフォロー

「〇〇先生、仕事抱え込みすぎだよ」

▶ ▶ 普段からそう言ってくれる同僚はたくさんいました。私は、自分だけ甘えられないと感じていましたが、この言葉によって救われることが何度もありました。他の先生の様子を私は見れていたのでしょうか。

出合った言葉

「みんなで協力すれば、すぐに終わる」

▶ ▶ この言葉は、私の中で強く残っています。何か困ったことがあったとき、よくこの言葉を同僚にも、クラスの子どもたちにもかけます。「みんなで協力しよう！大丈夫！」この言葉がどれだけ人を安心させるか、計り知れません。

失敗の本質

引き受けた仕事は一人で完璧にこなさなければいけないと考えたこと。

失敗原因の分類

⑥制約条件の変化…企画当初は、スケジュール通りにいくものと考えていたが、多くの人で執筆する場合は、その修正の数によって遅れがでてくる場合もあること。

⑨組織運営不良…本の担当は私だけでなく、もっと人数を割いたり、研究部とは別の組織として運営することもできた。

失敗から学んだこと

☑ 自分一人で仕事を抱え込まないこと。周りとチームで動き、信頼し合って活動することで、よい仕事ができる。

☑ 他の人に迷惑をかけるのは、できればしたくないし、辛いと感じるが、助けてほしいと言う勇気をもつこと。

☑ 自分を責めてしまう人はなかなか自分から頼ることができないため、表情や行動の様子から、その異変に気付くことが大切である。

　表紙や裏表紙のデザインを選ぶ頃には、またすっかり楽しく仕事をすることができるようになり、本は無事に完成しました。

　次年度から研究部の人数は増えました。もともと仕事量が多かったことと、自分が追い詰められて初めて、学校全体に迷惑をかけるかもしれない恐怖を感じ、組織を変える必要性に気づいたからです。管理職に人数を増やしてもらえるよう願い出て、それが実現しました。

　今でもこのときの研究部で集まると、たまにこの話が出ます。あのときは大変だったよね、とみんなで笑いながら話せるのは、崖っぷちで助けてほしいことを伝えられ、団結し、大きな壁を乗り越えたからでしょう。

**　今では、追い詰められる前に周りを頼ることができています。自分の仕事をこまめに報告したり、連絡することも大切なことだと実感しています。組織の一人として、私もだれかのSOS信号に気づける人でありたいと思います。**

一緒に組んだ学年の先生たちと
うまく連携が取れなかった…

　教師になって5年目くらいのことでしょうか。初任の頃はまるで仕事も進められなかった私ですが、5年もするとようやくだんだんと仕事をこなすくらいはできるようになってきました。

　しかし、そこで新たな壁が立ちはだかりました。今振り返ると、最大の敵は自分だったのかもしれません。

　その年は中学年の担当でした。これまでにも経験をしたことのある学年でもあったので、自分は「大丈夫」と思ってしまっていたのでしょう。これまでは何から何まで先輩の先生に聞かなければわからなかった私ですが、そのときには「自分でやってみよう」という気持ちが、少しばかり強かったのかもしれません。また、土日にもあちこちの学習会に出かけたり、書籍から学んだりしていたことが、自分の自信にもつながっていたのかもしれません。

そんな形でスタートしたその年の学級経営。自分の学んだことをたくさん取り入れ、学級もうまく回っていると思っていました。

　しかし、同じく学年を組んだ先生には次のように評価されてしまいます。
　「先生は早口で何を言っているのかわからないね」
　「何でもかんでも時間を測ってすごく急かされている気がする。リズムやテンポも大切かもしれないけどもう少し考えたら」
　自分自身の中では「この口調でも子どもたちはこれまで私の話を聞くことができていた」「リズムテンポをつくって子どもたちに飽きさせないことが大切」と思ってやってきました。そして、それが子どもたちにも合っているとも考えていました。
　実際に、話すスピードにもリズムテンポにも子どもたちは十分についてくることができていました。私の方法が子どもたちに合わなかったということまではなかったように今でも思います。

　しかし、自分ですべてやってみようという私の気持ちや、同じ学年を組んだ先生とのコミュニケーション不足から、他の学年が心配するほどに学年間の連携は悪化してしまいました。すると、当然ですが、日々の業務連絡などが円滑に取れなくなってしまいます。学年として子どもを見る、ということがだんだんと難しくなってきてしまいました。

　個人の力などたかが知れています。「チームで子どもたちを見守る」という大きなミッションを私はその年に実現することができなかったのです。「最大の敵は自分にある」。自分のみにベクトルを向けていてはいけなかったのです。

Before

 自分の内面は…

「自分でできるはず！！」

「自分はできる」そんな慢心が当時の自分にはあったのでしょう。仮に学級を回すことができても学年運営に支障がでていました。これでは、学年としての力を発揮することは難しくなります。

 学級の雰囲気は…

「もう少しうまくやった方が…」

他学年の先生は私に何度も心配の声をかけてくださっていました。それは、今、振り返ると「もう少し周りとうまくやった方がいいんじゃないか…」というメッセージだったのかもしれません。

 児童はきっと…

「先生たち仲悪いのかな？」

子どもたちもだんだんと「先生たちはうまくいっていないのかな？」と心配するようになっていた気がします。子どもたちは先生の状態に敏感です。先生たちの仲のよさもすぐに見抜いてしまうのです。

内面のリフレーミング

「チームの一員として」

「学級経営は個人の力のみにあらず」。そんな風に今だからこそ思います。学級担任という制度が敷かれている日本の教育ですが、当然チームとして学校は運営されています。学級担任は自分の力量のみならず、周囲の声に耳を傾けながらチームの一員として動かなければいけません。

同僚のフォロー

「大丈夫か？」

「大丈夫か？」「どんな感じなの？」と私のことを気遣い、多くの先生から声をかけてもらっていました。こうした声をかける先生がいたこと自体、全体がチームとして動かなければならないからなのだと今になってわかります。

出合った言葉

「チーム学校」

最近「チーム学校」が叫ばれています。私の経験から、「個人で動くよりもチームとして動いた方が効率よく成果が出せる」と強く言えます。担任とはいえ、自分だけの力では何もできません。そのことを肝に銘じる機会となりました。

自分の考えに固執してしまい、学年としての流れをみていなかったこと。

失敗原因の分類

⑨調査・検討の不足…自分の所属するチームに対して関係性が悪化し、知っていなければならない（調査）情報が入ってこない。

失敗から学んだこと

☑ 学級担任は学級担任のみで成果を出しているのではない。あくまでも学校という組織の中の一部であるという認識が重要。したがって、自分だけで抱え込まずに難しい課題に出合ったらどんどんと職場の仲間に頼っていけばいい。

☑ チームの連携度・成熟度もまた学級に与える影響は大きなものであるこということを学ぶことができた。

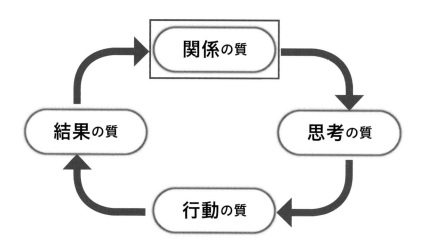

成功の循環モデル　四角囲みは筆者による。

　自分は学校内のどの位置に所属していて、だれと連携を取らなければならないのか」を強く意識するようになりました。

　上記は、MIT（マサチューセッツ工科大学）組織学習センター共同創始者ダニエル・キムが提唱した「成功の循環モデル」です。成功の循環モデルは、組織がより成果を生み出すためのフレームとして活用されているものです。

　成功の循環モデルは「関係の質」が頂点にきています。私は成功の循環モデルは「関係の質」からスタートすると思っています。もちろん、どのような関係が質の高い関係なのかという議論は必要ですが、**人間の生み出す仕事は人間同士の関係がよくなければ質を高めることはできないと今では強く思います。**

早く帰る先生に「もっと仕事しろよ」とイライラしていた…

　初任校の5年間で思っていたことです。1年目の4月から、周りの同僚からは「仕事が早い」と言われていました。見通しをもって、締め切りの2週間前には提出しようと自分の中で決めていました。そのため、資料を作成することもだれよりも早かったです。逆に周りの先生方の仕事が遅いとさえ思っていました。

　2年目からは「運動会の運営」「研究部の仕事」など大切な役割を任されるようになっていきました。仕事量はどんどん増えていきました。

2週間前には
提出を

まわりの先生は
仕事が遅いな

学校で任させる仕事以外にも、原稿を執筆したり、学習会で実践を発表したりと仕事量は年々増えていきました。それをカバーするために、

・学校も 20 時まで残って仕事をしていた
・帰宅後も家で仕事をしていた
・土日のどちらかは 1 日仕事をしていた

という生活をずっと続けていました。そんな日々が苦痛ではなく、とても楽しい日々でした。

　しかし、17 時に帰宅する先生、締め切りを守れない先生、仕事量が少ないのに夜遅くまで残る先生に対して、「もっと仕事をしろよ」「お喋りしているから仕事が遅いんだよ」といったことを思うようになり、イライラした態度に現れるようになりました。

Before

自分の内面は…

「みんながしないならぼくがします！」

様々な仕事を任されることに喜びを感じていました。その喜びをもっと感じたいがために、もっと仕事をしたいと思っていました。「みんながしないなら、ぼくがします！」ということをよく言っていました。

職場の雰囲気は…

「先生は仕事が早いから～」

「先生は仕事が早いよね」「早いから、とても助かります」といったことを多くの先生が言ってくれました。こうやっておだてて、私にもっと仕事をしてもらおうといった邪な考えはなかったように思います。

同僚からは…

「仕事量大丈夫？」

「先生の仕事量、大丈夫？とても多くない？」と心配してくれる方もいました。「しんどかったら、いつでも言ってね」と言ってくれ、ストレス解消ということでよく甘い物をくれました。

内面のリフレーミング

「承認欲求があった」

▶ ▶ 仕事にも少し余裕ができ始め、授業づくりも少し自信がつき始めた頃でした。様々なことを任されることに喜びを感じたり、取り組んだ後に同僚から感謝される喜びを感じていました。その頃は承認欲求が高かったのでしょう。

同僚の言葉から

「自分の存在を確かめていた」

▶ ▶ こういった同僚の言葉が何よりうれしかったです。もっと職場のためにがんばりたいと思っていました。仕事をすることで、自分の存在を確かめていました。

内面のリフレーミング

「イライラしている様子が出ていた」

▶ ▶ イライラしている様子が表情や行動に出ていたのかもしれません。だから、声をかけてくれたのでしょう。

失敗の本質

自分のキャパシティーを把握できずに、人に相談することなく、仕事を背負い込んだこと。

失敗原因の分類

⑦企画不良…イライラした態度で仕事に取り組むことや、見通しなく仕事に取り組んでいることに原因があった。

⑧価値観不良…自分の働き方の価値観が偏っていた。

失敗から学んだこと

☑ 自分のキャパシティーを考えながら、仕事をすることが大切である。

☑ 人にはそれぞれの事情がある。定時通りに帰らないといけない人もいる。

☑ 夜遅くまで仕事をすることや土日の休みをつぶしてまで仕事をすることがすばらしいというわけではない。

☑ 学校という組織は自分一人で回っているのではない。自分がいなくても学校は機能する

　「なんでもやらせてください」という姿勢であらゆることに立候補していました。その当時は、自分のキャパを超えてしまっていたのでしょう。とにかくイライラしていました。任されたからには弱みを見せずに、人に相談することなく取り組まないといけないという変なプライドが当時の私にはありました。周りの人を頼りにしないといった思いも自分の中にはあったのかもしれません。

　数年後、体の不調で入院することになり、数週間休むことになりました。入院中、自分がいないと学校が機能しなくなるのではないかと考えていました。しかし、実際はそんなことはありませんでした。**自分がいなくても機能している学校を見たとき、自分の働き方について考える**ことになりました。

　17時に帰宅する先生はお子さんの迎えといった家庭の都合があるため、**残りたくても残れないといった事情についても改めて考え直す**ことになりました。そして自分の働き方について考え直すことにしました。

　このときの失敗がなければ、周りの人の環境を顧みることなく、イライラした態度で仕事に取り組みながら、同僚と過ごしていたことでしょう。そう思うと、今の働き方をつくる大切な失敗であったと意味づけることができます。

体育主任の仲間と上司の双方にいい顔をしていたら…

　七つの学校が建っている小さな町の小学校に勤めていたときのことです。この町では例年、小学校合同の陸上競技大会が行われており、今年は私の勤務校がその担当となっていました。当時体育主任をつとめていた私は、各校から児童用名簿を集めたり、競技場の使用許可申請を出したりと準備に余念がありませんでした。

　ある日、学校長から呼び出しがかかります。この方は長年中学校で陸上の指導をされており、私も様々なアドバイスをいただいてきました。学校長は開口一番「ハードル間が 6.5m とはどういうことだ？」と詰め寄ってきました。例年通りの変更なしで各種目の規約を作っていたのですが、そこにあった 80m ハードル走のハードル間の距離が気になったのだそうです。「県の陸上大会は 7m に決まっている。だから町の大会といえども準ずるべきだ。」私はそういうものかと思いながら、すでに各校の体育主任間で決まっていた規約の数字を変え、印刷して配付したのでした。

次の週、町の陸上競技場で各校の合同練習会が行われました。私も子どもを引率して出かけると、普段から仲のよい他校の体育主任にあいさつをします。しかし、なぜかどの先生も渋い表情をしています。中にはあからさまに顔をそむける方も。気になって一人の先生に理由を聞いてみると、「何で勝手にハードルの距離変えたの？みんな 6.5m でここまでさんざん練習してきたんだよ。」それを聞いて真っ青になった私は「校長にもう一度かけあいます。」と約束してその場を後にしました。

　帰校後すぐに校長室に向かい、事の顛末を伝え、ハードル間を 6.5m に戻せないか問います。しかし学校長はこれまでの規定がおかしかったのだ、しっかりとした陸上競技の規定に則ってやらなければならないと、全く意見を変えそうにありません。普段からいろいろとお世話になっているだけに私も強く言えず、他校の体育主任には再度 7m で行うことを伝えることしかできませんでした。

　陸上大会当日、ハードル走はよい記録が生まれず、それを見ていた私も氷を抱いているような心境でした。反省会でも急遽変わった規約について批判が集中し、答弁に終始することになりました。いったいどこでどうすればよかったのか、疲労だけが残る大会だったという記憶があります。

Before

自分の内面は…

「滞りなく無難に運営できればいい」

町の陸上大会の運営は、数年に一度しか回ってこない役割なので、例年通りで何事もなく進められればよいと思っていました。新しく何かを足したり引いたりするのは、もっと熱意のある人や専門的な知識がある人がやればいいのだと、少し冷めた目で見ていたように思います。

▶ ▶

職場の雰囲気は…

「校長先生には何を言っても仕方ない」

校長先生の提案や指導は、経験に裏打ちされ理に適ったものでしたが、職場の同僚からは「今まで通りでいいのに…」という反応をされることばかりでした。不満を直接ぶつけたけれど、取り合ってもらえなかったという同僚もいました。

▶ ▶

学校長はきっと…

「例年通りでは学校は変わらない」

今にして思えば、長年中学校で指導をされていた校長先生は、小学校に新しい風を吹かせたかったのだろうと思います。例年通りという提案が会議で出されるたびに「もっと子どもの心に火をつけられないか」と激を飛ばしていました。

▶ ▶

さらに内面は…

「責任をどこか他人事のように思っていた」

学校長に詰め寄られると他校の体育主任のせいに、主任たちに問われると学校長のせいにして、責任の所在や追及の矛先が自分に向かないようにしていました。「お前のせいだ」と責められることを一番恐れていたために、責任者として矢面に立とうとする気概がありませんでした。

他校の体育主任のフォロー

「そちらの校長先生の言い分はわかるんだよ」

ハードル間距離の変更が認められず、7mで実施することを謝罪した際の、体育主任の言葉です。これまで町の中だけだからと若干甘めのルールでやっていた陸上競技を、全県レベルまで押し上げたいという思いは伝わっていました。

出合った言葉

「何か一つのことをやり遂げようとしたら」

「ある程度、信念をもって貫かなければ成功しない」と続く小出義雄監督の言葉です。自分は二者の信念の間で、ゆらゆらと漂っていただけだったと反省しました。信念をもってやりたいことはいったい何だったのだろうと振り返ったのです。

自分が心から正しいと思うことと、実現させる方向性を決めないまま、他者の意見に翻弄されてしまったこと。

失敗原因の分類

③手順の不順守…学校長の提案を全体で協議し、理解を得てから変更するという手順を踏まなかった。

⑨組織運営不良…学校長の提案に対し、No や Stop と言える人員がいなかった。

失敗から学んだこと

☑ たとえ小さな役割であっても、自分が担当する案件については責任をもって判断しなければならない。

☑ 大きな行事を進めるうえでは、細かい連絡を伝えるだけでなく、小さな不満や疑問を集めることも必要である。

☑ たとえ周りにどう思われても、自分が正しいと思ったことをやっているのだという信念は、周りの人を変える。

　この件があってから、私は何か判断を迫られる場面では即答をしないよう心掛けるようになりました。これまでは目上の人の判断に任せて「わかりました」「すぐにやります」と答えていたのですが、その前に**まず自分が一番正しいと思うことは何かを考えるようになった**のです。聞いているとだれの言っていることも正しく思えてくる私には、なかなか難しい挑戦でしたが、とにかく自分の頭と心の言うことを信じてみようと思ったのです。次第に、自分が正しいと思ってやったことについては、何を言われても責任をもとうという気構えが生まれました（ようやくここ十年ほどのことですが）。

　ある程度の役職や経験がある人は、そうではない多くの人を守るダムにならなければなりません。不平や不満を集めてうまくガス抜きをし、しかるべき人に伝えるダム。上司からの理不尽な要求を跳ねのけるダム。プロとしての教師にはそういう力も求められます。若い内はなかなかこういった考え方をもつことはできなかったのですが、今にして思えば、この陸上競技大会の出来事が大きなきっかけだったように思います。

校務分掌の失敗

ベテランから引き継いだ校務分掌の重荷に耐えられない…

　教員3年目のことです。それまで、50代の先生が担っていた校務分掌の主任になりました。例年、6年生の担任が、特別活動主任（児童会主任）になるので、3年目で6年生の担任になった私は、50代の男性の先生から引継ぎ、20代前半女性の特活部長になりました。

　その頃はまだまだ女性の先生が部長をするということが少なく、しかも3年目の若手が担うということもまだまだ稀有で、そのプレッシャーは、重く私に降りかかりました。

　とにかく前任者から私になって、困ったことが起きないように、迷惑にならないように…そんな思いばかりでした。いつでも前任のベテラン先生と比べられている、という思いに駆られていました。

まかせた

まだまだ
ヒヨコなのに…

仕事のことですので、引継ぎのために前任の先生に、何度も質問や相談をしていました。ただ、ベテランの先生は、仕事も早い。5時には、仕事を終えて、サッと帰っていきます。仕事の邪魔になってはいけない…帰宅の時間を遅らせてはいけない…そう思うとなかなか話せないこともありました。

　しかも、初めて校務分掌の主任になった私は、分掌のことだから前任の先生にしか頼ってはいけないと思っていました。前任の先生に尋ねにいくと、決まって答えは「大丈夫、大丈夫。簡単ですよ。できる、できる。」という答え。もちろん、意地悪しているわけではありません。私を安心させるための一言だったのでしょう。そしてベテランの先生にとっては、ごくごく仕事の一部だったのでしょう。

　しかし私はなんだか追い詰められている感覚に陥り、帰宅の電車の中、涙が溢れてくる日もあったのです。

　耐えきれなくなった私は、校務分掌とは関係はない、ベテランの気心の知れた先生を頼り、アドバイスを頂くようになりました。

Before

 自分の内面は…

「今までと同じようにしなければならない」

とにかく、ベテランの男性の先生と、若手で女性の私を比べられて、
頼りないと思われてはいけない、迷惑をかけてはいけないということ
ばかりが気になっていました。

 職場の雰囲気は…

「ベテランの先生が多く、それぞれ卒なく学校運営できる」

ちょうど世代交代の過渡期にあったと思います。ほとんどが教職経験
10 年を超える教師の職場でした。「例年通り」、その一言で学校運営
ができている様子でした。

 児童はきっと…

「子どもにとっては、ベテランも若手も関係ない。子どもにとってよりよい経験になるかどうかが大事」

私は卒なく先生方に迷惑をかけずに、仕事を果たそうとプレッシャー
を感じていましたが、これは大きな間違い。教育は子どものためにあ
る。ベテランも新任も関係ない。子どもは充実した活動を待っていま
す。

内面のリフレーミング

「私にできることを一生懸命すればいい」

▶▶ 経験年数も年齢も性別もちがうのだから、前任者と同じことができないのは、実は当たり前。引き継ぐべきことは引き継いで、むしろ、前任者とちがうからこそできることがあるはず。比べるのではなく、子どもや学校運営を軸に、一生懸命に邁進すればいいのです。

同僚のフォロー

「役割ではなく、同じ職場の同僚としてアドバイスを頂く」

▶▶ たくさんのベテランの中に、徐々に新任が増えてきた時代です。ベテランの先生方も、若手に対してどう声をかければよいかと戸惑った方もいたかもしれません。同じ学年をもったことのある先輩に相談し、アドバイスをいただきました。

出合った言葉

「先生のつくった応援合戦が衝撃だったよ。子どもたちも生き生きしていたよ」

▶▶ 子どもが生き生きと取り組む活動を考えるようになり、運動会の応援合戦で、その頃に流行りの曲を使い、応援を仕上げました。運動会の後、ベテランの先生から、「先生の応援合戦は、子どもが思わずやる気になって衝撃だったよ」と言われました。

若いからできないと思われたくないという間違った自我から、自分で自分の首を絞めていたこと。

失敗原因の分類

⑤調査・検討の不足…校務分掌について、自分で調べたり情報を収集したりできることは、もっと自分ですべきだった。教えてもらえるのは、前任者からだけではなかった。

⑨組織運営不良…組織としても若手に対して慣れておらず、若手を一人の教師として尊重するあまり、具体的なアドバイスがあまりなかった。

失敗から学んだこと

☑ 自分で勉強できることは勉強する。
枠を超えて、頼れる人を見つける。
「つつがなくやろう」ではなく、「自分のやり方」が大切。

☑ 自分で何も調べもせず、前任者からばかり情報をもらおうというスタートに、まずは社会人としての間違いがあった。ここでの失敗は、校務分掌の枠があるから、分掌の中でしか、相談をしてはいけないと思っていたこと。学校は同僚性が大きい職場。だれに相談してもよいということを知る。そして、最も大事なのは、人と比べず、自分のできることに邁進すること。大事な3つのことを学んだ。

私といっしょのなやみ…

OK!

　自分の悩みや弱みを自分から見せることができるようになりました。何十年経っても、どんな立場になっても、自分から、だれに対しても「わからないから教えて」「悩んでいるんだけど…」とつながりをつくるようになりました。実はこれは、**しなやかに折れにくい働き方**です。この土台にあるのは、自分の思いと考えです。**まずは自分で思いをもって、そのうえで悩みを相談する。これこそ、心の折れにくい、幸せな働き方になることを学びました。**

　年齢を重ねた今、思いをもちつつ相談しにきてくれる若手に支えられている自分を感じることが多々あります。相談されることはありがたいと思いますし、理解し合える一歩にもなります。逆にベテランの私が相談することで若手が相談しやすい雰囲気になることも感じます。

　同僚と健康的につながることは、どんな年代になっても、働き方としてとても大切なのだと感じます。

校務分掌の失敗

年度末のアンケートで
反発を招くことに…

　初任から数年が経った頃のことです。そのときの勤務校では、以前から毎年冬になると「マラソン大会」が行われており、各学年が決められたコースを走り、順位を決めていました。また、マラソン大会の前の2週間ほどは、毎日2時間目の後の休み時間に「業間マラソン」が行われ、全校児童で運動場を走り、マラソン大会に向けての体力づくりを行っていました。今でも、様々な地域で同様の取り組みが行われているのではないかと思います。

　実は私はこの業間マラソンという取り組みがあまり好きではありませんでした。
　理由は2つあります。
　1つ目は、子どもたちの休み時間を奪ってしまうからです。子どもたちにとって休み時間は楽しいひとときです。それが目当てで学校に来ている児童もいます。その楽しい時間を奪ってしまうということに疑問を感じていました。
　2つ目は、次の授業に食い込んでしまうことが多いからです。勤務校では毎回、体操服に着替えて行っていました。チャイムが鳴って、体操服に着替えて、運動場で走り、また戻ってきて私服に着替えるというのはかなり忙しく、特に低学年の子どもたちには無理があると感じていました。

そこで、年度末のアンケート用紙に行事の反省を書いた上で、会議の場で自分の考えを説明しました。

　しかし、自分が思っていたよりも、他の先生たちからの賛同は得られませんでした。特に、業間マラソンを担当してきた体育部の先生方からは

　「全校あげて大切にしている体力づくりの活動なのですよ」

　「楽しみにしている子どももいるのですよ」

　と反論を受けることとなりました。結局、自分の考えは次年度に反映されることはありませんでした。

Before

自分の内面は…

「自分の意見は正しい」

自分の考えが正しいと信じていました。また、年度末の反省のアンケートに書いて、その内容を職員会議の場で説明する手順で問題はないと考えていました。しかし、そこには自分の正しさだけがあり、周りの先生の気持ちに立って考えることが欠落していました。

職場の雰囲気は…

「唐突すぎる」

おそらく私の意見は、多くの先生たちにとって唐突すぎたことでしょう。たとえば普段の雑談の中で自分の意見を周りに伝えたりしていれば、受けとめられ方もちがったのかもしれませんが、その段階を踏めていませんでした。

児童はきっと…

「楽しみにしていたのに…」

児童の中には、私と同様に、「業間マラソンは好きではない」と考えていた子もいたでしょう。しかし一方で、自主的に朝から走ったりするなど、前向きに捉えて取り組んでいた児童もいました。そういった子どもたちの思いに、目を向けることができていませんでした。

内面のリフレーミング

「人それぞれ正しさは違う」

自分の考える正しさだけで周囲の先生方を説得できると思っていたことが間違いでした。自分の考えがすべて間違っていたわけではありませんが、反対される先生方の考えもまた、正しかったのです。人にはそれぞれの正しさがあるということを痛感しました。

同僚に対して

「相談の大切さ」

行事全体に関わるようなことについては、アンケートや職員会議でいきなり伝えるのではなく、事前に相談をしておく必要があることを学びました。今の学校現場は多忙化しており、職員会議だけでは十分に検討する時間がとれないというのも現実です。

出合った言葉

「マラソン大会に向けて練習しているんです」

次の年の個人懇談で、保護者から、「子どもがマラソン大会に向けて練習を始めている」という話を聞きました。きっとその子にとってみれば、業間マラソンも楽しみな行事なのでしょう。子どもにとって苦しいものだという認識が、一方的なものだということに気づかされました。

失敗の本質

自分の考えだけが正しいと考え、周囲の先生方の考えや捉え方への配慮が十分ではなかった。

失敗原因の分類

③手順の不遵守……事前に担当している先生に相談することを怠っていた。

⑤調査・検討の不足……事前に周囲の先生との雑談などを通して、意見を聞いておくことができていなかった。

失敗から学んだこと

☑ 自身の考える正しさだけで周囲を説得できるわけではない。人それぞれに「正しさ」はちがうのだから、周囲の人たちの気持ちをていねいに想像していくことが必要である。

☑ 相談することの大切さ。学校現場は忙しく、職員会の時間も限られているため、議論を尽くすことは難しい。行事の内容を大きく変えるような意見ならば、事前に相談したりする段階が必要。アンケートであっても、内容によっては書く前に直接相談をした方がいい場合もある。

　この失敗以来、行事など何か大きな取り組みに関わることに意見を言うときは、前もって周囲の先生たちと意見を交わしておくことを心がけるようになりました。特に、その取り組みの中心になっている先生には、事前に直接話を聞いたり、自分の意見を伝えたりして、いきなりアンケートや職員会議で自分の意見を伝えるという形を避けるようにしています。また、そのような話ができるよう、**普段から関係をつくっておくことを心がけるようになりました**。すると、少しずつですが、自分の意見が会議の場で通ることが増えていきました。きっと、**自分自身が他の先生たちの考えを大切にするようになったからだと思います**。

　組織は多様な人間の集まりです。その中で何かを決定するというのは、とても難しいことです。特に最近は価値観が多様化しており、教職員の中でも大きく意見がちがうということが多くなってきています。また、学校教育全体に変革の波が押し寄せており、その中で舵取りを行っていくことは以前より遙かに難しくなりました。しかし、だからこそ周囲の先生との対話が以前に比べて重要になってきているとも言えます。膨大な業務の中、立ち止まって同僚と話をする時間を確保すること自体が難しいところもありますが、その時間の積み重ねがなければ、組織が変わっていくこともありません。**変革を迫られている時代だからこそ、同僚との対話を大切にしていきたいものです**。

学級経営や授業は目に見えた失敗がわかるのですが、仕事の仕方の失敗はあまり見えないかと思います。どう思いますか？

宍戸寛昌

　仕事の仕方の失敗は確かに見えにくいですね。むしろ失敗とかうまくいかないということが取り沙汰されていないようです。教師の仕事って、けっこう前から効率を求めて先に先にと仕事をする人を暗に批判して…。逆に、遅い時間や休みの日まで働いている人を評価しているような…。だから仕事の失敗に対しても、「あの人はがんばっているから」というバイアスがかかっているような気がするのです。これって、教師ならではなのでしょうか？

長瀬拓也

　教師の仕事はキリがないところがありますね。しかし、働きすぎで、疲労や余裕がなくなることがあります。僕は初任者の頃、身体を崩しかけたことがあるのですが、そういったことはありましたか？

宍戸寛昌

　身体を壊しかけたことも、精神と身体のバランスが取れなくなったこともあります。朝４時ぐらいまで学校にいて、家に帰ってシャワーだけ浴びてまた学校に来て、子どもにあいさつする自分の顔を鏡で見たときの、あまりにもうつろな笑顔にぞっとしたことがあります。上機嫌に子どもに「おはよう」が言えなくて、何が教師だよと。それからは、周りの顔色を窺って、他人のペースで仕事をすることは意識的にしないようにしました。ある意味わがままを通すことになるのですが、一度そういう人だと思われてしまうと楽ですね。その頃から自分が仕事で「一番大切にしているもの、ゆずれないもの」は何かを考えて、そこから今やっている仕事にど

れだけ力を入れるかを逆算して考えるようになりました。長瀬先生の仕事の量と質にはいつも驚かされているのですが、そのペースを確立されたのはいつごろからですか？

長瀬拓也

　僕はできるだけ子どもの前に立つときは一番体調のよい状態にしたいなと思っています。自分なりに仕事のルーティーンを決めて、できるだけ無理しないように心がけています。やはり体が資本なので、オーバーワークすることによって、失敗が多発するということは、失敗学からも明らかになっているので、若い先生は自分の体と相談しながら仕事をしてほしいです。

宍戸寛昌

　やはり教師が仕事を続けていくうえで、「持続的かどうか」という視点は不可欠ですね。体で無理すれば、時間で無理すればというそのとき限りの働き方では体調が悪くなり、結果的に子どもに笑顔で接することができなくなりますから。笑顔で元気に子どもの前に立つ。これが一番の仕事であることを忘れてはなりません。

第6章

解説編

失敗を成長につなげるために
―教師の学びと成長のメカニズム―

はじめに

　人が成長する上で失敗が大事だと言われます。私などは不器用なもので
すから、小さな「けが」は常で、人生の節目節目で、大きな失敗や挫折も
いろいろと経験してきました。プラスの経験やそれがもたらす自己肯定感
や自己効力感や根拠のない自信のようなものは挑戦の土台ではあります。
しかし、それのみではもろいもので、コンプレックスやうまくいかなかっ
たことや傷つきといった負の経験が生み出す、心の中の怨念めいた引っか
かりや、「なにくそ」といったモチベーションが、「しぶとさ」やレジリエ
ンス（復活力）を生み出すと考えています。そして、踏まれても踏まれて
もしぶとく成長する雑草や、某少年漫画の主人公（強敵に追い詰められる
ほどにその先に飛躍的に強くなる）と自分を重ね合わせながら、人生の物
語を紡いできました。

　そういった個人的な経験や持論に止まらず、各分野の研究を参照して
も、失敗の大切さを根拠づける知見には事欠きません。発達とは矛盾（や
りたいけどできない）を乗り越えることですし、思い描く理想状態と現実
とのギャップの中に問題が認識されたり、自分の既存の認識の枠組みでは
捉えきれないものと出会った気持ち悪さ（認知的不協和）を解消しようと
したりするときに思考が始まるのです。また、主体性や情動や社会性等に
関わる非認知的能力の重要性が指摘される中で、社会的に成功している人

たちに共通する特性として、GRIT（Guts（困難に立ち向かう度胸）、Re-silience（失敗してもあきらめずに続ける復元力）、Initiative（自らが目標を定め取り組む自発性）、Tenacity（最後までやり遂げる執念）の頭文字をとったもの）という言葉とともに、「やり抜く力」「粘り強さ」への注目も高まっています。

　そもそも、特に義務教育段階においては、「教室は間違うところだ」といった学級経営を大事にする取り組みが、多くの教師たちの心を捉えてきました。そして、様々な子どもの考え方、特に、子どものつまずきを生かしながら、クラスみんなで思考を練り上げていく授業、日ごろ勉強が苦手だと思われている子どもの考えから、わかっていると思っている子どもたちの認識も問い直され、クラス全体で深くわかっていくような、優劣のかなたをめざすような授業がよい授業とされてきました。

　本章では、教師の学びや成長のメカニズムを整理しながら、失敗経験に着目することの意味、そしてそれを成長に生かしていくための手立てや工夫について述べながら、本書の挑戦の意味について解説したいと思います。

1．なぜ人の成長において失敗経験が重要なのか

（1）教師の発達と成長の道筋から考える

　まず、教師が成長するとはどういうことなのかについて考えてみましょう。教職のキャリア形成という長いスパンで見たとき、教師は、さまざまな困難に直面するたびに、自らの教職アイデンティティを問い直すことで成長していきます。

　たとえば、多くの教師たちの教職人生（ライフコース）を聞き取ってまとめられた、山﨑準二（2002）の研究によれば、教師の発達や成長とは、一定の想定された理想像に向けて何かを獲得していくような、単調右肩上

表 1．教師のライフコースの平均的なステップ

初任期①（入職後約 5 年間）
・リアリティ・ショック（入職前に抱いていた教師と児童・生徒関係についてのイメージと現実とのギャップによるショック）を受け、そのショックをかかえながらも無我夢中で試行錯誤の実践に取り組む。 ・自分の被教育体験によって無意識的に形成されたモデルに基づいて実践しがち。 ・「教師にとってはじめての 3 年間がその後の教職生活を左右する」とも言われるように、教師の仕事のイメージを育む大事な時期であり、試行錯誤や困難が、子どもや教育への深い見方を育てうる。
初任期②（入職後およそ 5 年〜 10 年）
・新任時代の荒波を乗り切って、小学校では 6 年間、中・高なら 3 年間、入学から卒業までの生活をともに過ごすことで、子どもたちの様子が見えてくる。教師にもいくぶん気持ちの余裕が生まれる。 ・当初は「子どもが好き」という思いだけで教職に向かった教師たちも、もう少し確かなものを得たいと思うようになってくる。より大きな社会的文脈の中で自分自身の仕事の意味を確認し、教育実践を確かなものにしたいという思いがわきあがってくる。研究会に参加するなどして、教育実践の工夫に力を注ぐようになる。 ・自分が取り組んでいきたい実践課題を自覚し、これから自分はどのような教師として教職生活を過ごしていくべきか考えるようになる。
中堅期（20 歳代後半〜 40 歳代前半）
・15 年から 20 年ほど経つと、教師としての自己を育て一通りの仕事を身につける。職業的社会化（その職業で必要とされる技能やふるまいを習得すること）を終え、一人前の教師になっていく。 ・男性教師は、比較的早い段階から校務分掌などの役割を担い、先輩教師や管理職教師などとも公的な関係を築きながら教師としての発達と力量形成を遂げていく。30 歳代中頃から学年・研修の主任職などを担うようになり、学年・学校全体や教員集団のことに目を向けざるを得なくなるなど、役割変化が教職生活上の危機を生む場合もある。 ・女性教師の多くは、20 歳代後半から結婚・出産・育児・家事といった人生上の出来事に直面し、その経験を通して教師としての発達と力量形成を遂げていく。一方で、家庭生活上の負担が重くのしかかり、離職の危機が生じる場合もある。 ・社会の変動による子どもたちをめぐる環境の変化、加齢による子どもたちとの世代ギャップ、経験を重ねることによる教師としての役割の硬直化などによって、中年期に危機が生じることがある。
指導職・管理職期（40 歳代半ばあたりから、指導主事や教頭・校長などに就くことを契機に）
・教育という営みを捉える視野を拡大させるとともに、学校づくりという新しい教育実践を創造していく可能性をもたらす。 ・学級という自らの実践のフィールドを喪失し、教育実践家からの離脱化（それまで育んできた教職アイデンティティの切断）を余儀なくされるために、戸惑いも大きく、年齢からくる体力や健康の不安、職場内に気軽に相談できる相手がいなくなる孤独感などが生じ、離職の危機を迎えやすい。

出典：山﨑、2012、髙井良、2006 をもとに筆者が図表化。

がり積み上げ型の垂直的な発達モデルではなく、選択的変容型の水平的な発達モデルであるとされます。すなわち、教育実践における忘れられない子どもや出来事との出会い、学校内外の優れた先輩や指導者との出会い、自分にとって意味ある学校への赴任、職務上の役割の変化、出産・育児や家族の介護等の私的な経験などの転機において、古い衣を脱いで違う衣を新たに選び取ってまとうように、それまでの子ども観、授業観、教職像などを再構成・変容させていくというのです。

　その際に興味深いのは、変容につながる転機においては、それまでの考え方や実践のあり方に変容を迫るような抽象的な表現、言葉が介在していて、それを受け止めた教師が、ライフコースの文脈・状況の中で、自らその意味を解釈し創出し構成することが重要だということです。がむしゃらに子どもたちの中に入っていって、子どもたちにとって兄貴みたいな存在としてふるまっていた新任期のＱ教師に対して先輩教師が投げかけた、「お前のクラスは、授業以前の問題だなあ」という言葉は、後にＱ教師の附属校への赴任と研究授業の経験を経て、「教師がどのような手法を採るかではなく、長い目で子どもをどう育てるか、教材研究はどうあるべきか、などを考えていなかったことに対する指摘ではなかったのか」と、その意味が感得され、それが教師としての転機と変容を準備していったという具合です。本書で、失敗を振り返る際に、同僚のフォローや出会った言葉を記述するようにしているのは、ライフコース研究の知見からみても妥当と言えます。

　なお、教職の転機やそれが生み出すライフコースは、基本的には個々人によって多様ですが、その平均的なステップを描くなら、おおよそ表１のようになるでしょう。本書を執筆した先生方もそうであるように、優れた実践家と言われる人たちは、最初からそうであったわけではありません。こうしたライフコースを念頭に置いておくことで、教職キャリアの大きな見通しをもちつつ、他者の実践も、今の自分の状況も対象化して捉えられるでしょう。

　また、専門職一般の学び、あるいは大人の学び一般においても、右肩上がりに知識やスキルなどを獲得していく過程以上に、経験を契機に物事を捉える枠組みが問い直され、時には過去の自分の殻を破ったり学び捨てたりして、視野や視座や風景（パースペクティブ）、あるいは自分らしさ（アイデンティティ）が編み直されていく過程（「学びほぐし（unlearn）」）の重要性が指摘されています。子どもの学びは、社会の一員でありつつ、自分らしく主体的に生きていくために、物事を捉える枠組みを形成していくこと（forming）に力点がありますが、教師も含め、大人の学びは、暗黙的に思考や行動を制約している自らの枠組みに気づき、そのとらわれ、あるいは背後にある社会的な常識・慣習をも問い直して、そこから自由になっていくこと（transforming）に力点があります（三輪、2010）。そして、経験を学びの機会とすること、経験から学び上手であるために、「省察（reflection）」を意識することが重要だとされています。

　教師も含め、人は無意識のうちに、日々経験を学習資源としながら、知識や知恵を獲得したり、行動のレパートリーを増やしたりしています。そして、知らず知らずのうちに、自分の枠組みや当たり前の見方を強化していっています。過剰学習により、頭が固くなっているのです。しかし、「失敗」をはじめ、転機になる経験は、時に枠組みやパースペクティブに変容を迫ります。自分の勝ちパターンのようなものやこだわりや価値規範や信念、さらにはアイデンティティがゆさぶられる経験は、痛みを伴います。深く学ぶこと、「自己変革」は、違和感や痛みを引き受け、その先にもたらされるものなのです。

　このように、経験からの無自覚な学びを意識化してより効果的な学びを実現するのみならず、違和感や引っかかりもなく流れていく日常で立ち止まり、経験の意味、さらには経験の捉え方を規定している枠組みに気づき、学びの機会としていく上で、「省察」のあり方が重要になります。この点について、ショーン（Schön, D. A., 2007）は、専門職の学びと仕事における省察の意味を重視し、専門的知識を適用して問題を解決していく

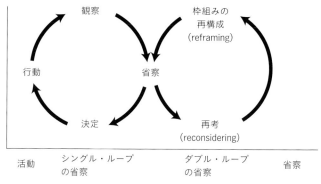

図2. 省察のシングル・ループとダブル・ループ

観察　　　　　枠組みの
　　　　　　　再構成
　　　　　　　(reframing)

行動　　　　省察

決定　　　　　　再考
　　　　　　　(reconsidering)

活動　　シングル・ループ　　ダブル・ループ　　省察
　　　　の省察　　　　　　　の省察

出典：センゲ、2014、236頁

専門職像（「技術的熟達者（technical expert）」）ではなく、複合的な問題状況において臨機応変に対応する思慮深さや臨床的判断に専門家が専門家である根拠を見出す専門職像（「省察的実践家（reflective practitioner）」）を提起しました。

　ショーンらは、省察の機会を含んだ経験学習について、シングル・ループ学習として展開されるか、ダブル・ループ学習として展開されるかが重要だと言います（アージリス、2007）。たとえば、サーモスタットは、温度が高すぎたり低すぎたりすると、それを感知して設定した温度に調節します。これがシングル・ループ学習です。これに対して、設定温度自体が本当に適切なのか、さらに、快適さと節電のどちらを優先するかという前提価値をも問い、作動プログラムや基本方針自体を見直すのが、ダブル・ループ学習です。研究授業の後の協議会についていえば、省察が、授業での子どもの学習の評価や次の授業での改善の手立てに関する議論（問題解決：シングル・ループ学習）に止まることなく、目標や評価の妥当性自体も検討対象とし、教育活動の構想・実施のあり方や子どもの学習過程に関する理解をも深める議論（知識創造：ダブル・ループ学習）となることが重要なのです（図2）。

　省察の深さという点に関して、大人の学びのメカニズムを捉える精緻な理論枠組みを提起したメジロー（Mezirow, J., 2012）の所論は示唆に富みます。成人学習者である私たちは、自らの経歴や歴史にとらわれており、

それらの延長線上に、また無意識のうちに既存の社会や集団に適応的な形で獲得してきた見方や枠組みの範囲内で学びがちです（「形成的学習（formative learning）」）。これに対してメジローは、これまでの知識獲得や問題解決の方法に磨きをかけて変化する状況に対応するよりも、変化する出来事をより完全に理解し、自分の生活や仕事に対する自らのコントロールの度合いを高めるために、既存の枠組みを問い直し、新しい枠組みや見方を手に入れる「変容的学習（transformative learning）」の重要性を提起します。その際、目の前の現実を、他者とのコミュニケーションを通して、自ら名づけ新しい言葉で語りなおしていくこと（物語ること）の意味も指摘されています。

　人間は、日常的に習慣的に、あるいは思慮深く行為する中で、既存の「意味スキーム」（物事の解釈枠組み）の枠内でスキルに磨きをかけたり、既存の意味スキームと両立しうる新しいスキームを学んだりして、知や能力を拡大し有能性（コンピテンシー）を高めたりします（非省察的行為）。しかし、まさに失敗経験がそうであるように、これまでの見方や考え方がうまく機能しない状況に陥ったりした際、何を（内容）、どのように認識したり、考えたり、感じたり、行動したりしたか（プロセス）を省察することで、意味スキームの変容が生まれるかもしれません（省察的学習）。さらに、内容の省察やプロセスの省察に加えて、そもそもの前提の正当性を批判的に省察すること（想定の省察）で、「意味パースペクティブ」（意味スキームの集合体であり、解釈を方向づける志向性や習慣化された期待や信念のまとまり）、いわばパーソナリティやアイデンティティの編み直しにもつながっていくわけです（変容的学習）。

（3）スキル、コンピテンシー、パースペクティブの変容としての成長

　以上をふまえると、教師の学びや成長は、個別のノウハウや技能（skill）の獲得（acquisition）という短期的に成果の見える表層的な部分のみならず、判断力や技量（competency）の熟達化（expertise）、さらには観やパースペクティブやアイデンティティ（belief, value, and perspective）の編み直し（unlearn）といった長期的で根本的で深層的な部分も含んで、

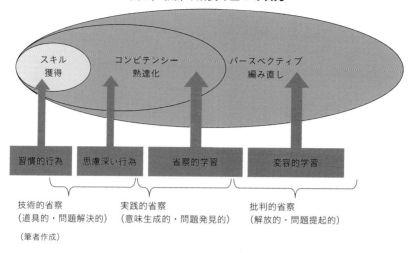

図3．教師の成長の三つの次元

（筆者作成）

重層的に捉えられます（図3）。

　ヴァンマーネン（Van Manen, M.）をはじめ、教師教育研究における「省察」の深さの分類（秋田、1996）をふまえると、スキルの獲得は、「いかにできたか（how）」を問う「技術的省察」によって、コンピテンシーの熟達化は、「なぜこの方法か（why）」を問う「実践的省察」によって、そして、パースペクティブの編み直しは、「何のために」「だれのために」を問う「批判的省察」によってもたらされると言えます。

　本書の理論編でも説明されているように、「失敗」には、個人に起因するものと、社会的・構造的な要素に起因するものがあり、そこを腑分けしながら、構造的な要因については個々人ではなく組織的に対応していくことが重要です。その上で、失敗を受け止め、その出来事を記述しながら振り返ることは、まさに経験の省察と言えます。なお、そうした個人要因と社会的・構造的要因との腑分けを考える上で、図4に示した、今津孝次郎による教員評価の枠組みは示唆的です。そこでは、教師の資質・能力を構成すると考えられる6つの要素が、比較的固定的な「資質」と比較的可変的な「能力」、そして、教師個人を対象にすべきものと教師集団全体のあり方を対象にすべきものという二軸で整理されています。

　失敗にも、無知や不注意による表面的なものから、判断の誤り、さらに

図４．教師・教師集団の「資質・能力」と評価対象

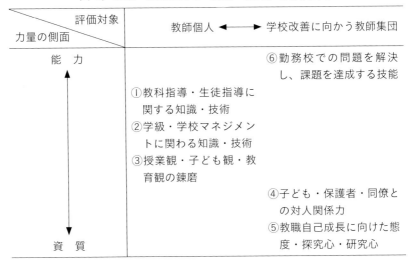

力量の側面 ＼ 評価対象	教師個人 ◄──► 学校改善に向かう教師集団	
能　力		⑥勤務校での問題を解決し、課題を達成する技能
↑	①教科指導・生徒指導に関する知識・技術 ②学級・学校マネジメントに関わる知識・技術 ③授業観・子ども観・教育観の錬磨	
↓		④子ども・保護者・同僚との対人関係力 ⑤教職自己成長に向けた態度・探究心・研究心
資　質		

出典：今津、2017、331 頁。

は価値観の不良といった教師としての力量の深い部分に関わるものまでグラデーションがあります。失敗経験を生かすことで、表面的なものであれば、スキルの獲得につながり、より深い問題理解や判断に関わるものであれば、コンピテンシーの熟達化につながります。さらに、失敗の本質が教師としてのあり方や成熟度合いに関わる場合、それは人生における危機として認識されますが、他方で、パースペクティブの編み直しや教師として「一皮むける」経験につながる可能性も内包しているのです。

　失敗や転機を受け止め、経験から自ら学び続ける、学び上手な大人であること。その姿で子どもたちの学びを自ずと触発し、また、自ら失敗を知るからこそ子どものつまずきにも寄り添える「学びの専門職」であること。失敗への向かい方や生かし方は教師としての力量の核心に位置するのです。

2. 失敗経験が成長につながるための条件と仕掛けづくり

（I）省察を生かした教師教育の方法

　失敗を含め、経験を成長につなげる上で、前提に迫る批判的省察が目指される必要があります。たとえば、教師教育研究でしばしば参照されるコルトハーヘン（Korthagen, F., 2010）は、ALACT モデルという経験学習のサイクルを示しました（図5）。省察といっても、振り返りの先に、手っ取り早く悩みを解消する具体的なガイドラインを示したりして、引っかかることなく第3局面の本質的な諸相への気づきを飛ばしてしまっていることがあります。本質的な問題への気づきに至るために、教師教育者として、実践者が悩むのを見守ることが大事ですが、ただ待つだけでなく効果的に気づきを生み出すための仕掛けや手立ても重要です。

　コルトハーヘンは、第2局面の振り返りにおいて、気づきを促すための次頁の8つの問いを示しています。これらすべてに答えようとすることで、自分が答えづらいと感じる問いを知り、リフレクションの癖を自覚することにつながります。次頁の表の左の四つは教師の側、右の四つは子どもの側について、それぞれ行動、思考、感情、望みに関して問いが示さ

図5. 省察の理想的なプロセスを説明する ALACT モデル

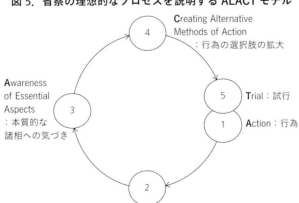

出典：コルトハーヘン、2010、54頁。図の訳し方は、REFLECT, 2019 による。

れています。これにより、教師と子どものずれ、考えていたことと実際に
やったこととのずれへの気づきを促したり、無意識だったものの言語化を
促したりするのです。

1．私は何をした？	5．相手は何をした？
2．私は何を考えていた？	6．相手は何を考えていた？
3．私はどう感じていた？	7．相手はどう感じていた？
4．私は何を望んでいた？	8．相手は何を望んでいた？

　こうして、省察を通して、無意識的で言語化されていない言動や判断な
どの塊（ゲシュタルト・レベル）、意識化された枠組み（スキーマ・レベ
ル）、自らの考えを体系化した解釈（理論レベル）を交互に行き来しなが
ら学ぶことが想定されています。さらに、8つの問いによって、自分の中
の不一致や矛盾や欠陥に気づいても、それだけでは前向きに第4局面の
行為の選択肢の拡大につながるわけではありません。そこで、図6のよ
うな玉ねぎモデルも用いながら、成功経験を物語ったり、自らの核心・中

図6．玉ねぎモデル

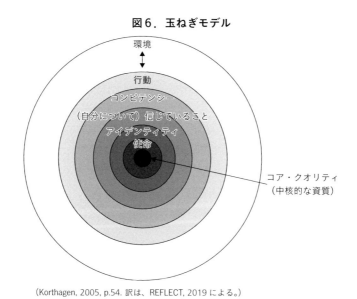

（Korthagen, 2005, p.54. 訳は、REFLECT, 2019による。）

核にある資質や「強み」（コア・クオリティ）を他者とともに探ったり、そもそも自分がこの仕事に就こうと思ったのはなぜだったのかといった「使命」を見つめ直したりすることが推奨されます（コア・リフレクション）。ポジティブさも、明日への実践につなげるうえでは重要です。本書でも、失敗と向き合ってネガティブな感情がわきがちなところを、成長へのきっかけとしてポジティブに捉えていくことが強調されていますし、周りのサポート、教職の「危機」を「転機」に変える言葉の多くは、まさに自分らしさや使命の見つめ直しを促すものであったりします。

(2) 日本の教師たちの現場からの実践研究の文化を生かす

「省察」という言葉を使っていなくても、経験から省察的に学び、現場から理論を立ち上げていくことについては、もともと日本には分厚い蓄積があります。校内研修において、授業を協働で計画し研究授業をみんなで観察し振り返ったりする、現場の教師たち自身が研究主体となった「授業研究」の伝統はその一例です。また、日本の教師たちは、学校や教室での出来事を一人称で物語風に綴った実践記録や、教育に関する専門書をまとめ、学校外の教育サークルで協働で批評し合ったりして、自分たちで実践の知恵を理論化し、「現場の教育学」を生み出してきました（田中、2005）。たとえば米国の教師は学校外のセミナーから学びますが、日本の教師は隣の教室から学ぶのです。日本国内にいると当たり前すぎてその意味に気づきにくいですが、廃れたとはいえまだ存在している、多様で多層的な教師の協働的な学びの場に目を向けていくことが重要でしょう（石井、2017）。

とはいえ、教師の協働的な学びの文化があまりに自明すぎて、逆に、それを対象化、体系化したり技法化したりする点で弱さがあった点は否めません。しかし、日本の授業研究の取り組みを、事例研究や省察の場として、教師教育的関心から見直す試みは、1990 年代以降活発化し、日本国内でもさまざまな提案がなされてきました（浅田他、1998）。古くは、特定の教授スキルの獲得につながるマイクロティーチングに始まり、授業における意思決定過程や実践的判断の熟達化につながるストップモーション

方式（藤岡、1991）、さらに、自らの授業の見方への気づきを促すカード構造化法（藤岡、2000）などが生み出されており、目的に応じて使い分けるとよいでしょう。

　こうした授業研究の方法論に加えて、実践記録を綴ることは、より長いスパンのより深い省察を促すきっかけになるでしょう。実践記録（教育実践記録）とは、保育士や教師など、子育てや教育の仕事に携わる者が、自らの実践のプロセスや成果を書きことばで綴った記録のことです。それは、学校や教室における教師の教えの履歴と、子どもたちの学びの履歴（ドラマ）を、「私」主語の一人称視点で質的に物語的に記録し可視化するものです。

　生活指導を対象にするか、授業での教科指導を対象にするかという違いはあっても、実践記録と呼ばれる場合、教師から子どもへの働きかけ、子どもたちの学習活動、さらには、子どもたちをとりまく家庭や地域の状況や活動の事実を、実践者本人が自らの問題意識に即して切り取り、物語的様式で記述したものが想定されていました。客観性を追求するより、事実の強調・省略のある物語的な記述であることで、実践記録は、実践過程のリアル（内側から体験された現実や風景や心情）を、実践の切り取り方に埋め込まれた教師の実践知（ものの見方・考え方や知恵）を残し伝えるものとなるのです。

　たとえば、ろう学校の教師であった竹沢清（2005）は、実践記録は、教師の意図と子どもたちのぶつかり・ズレと克服の過程、葛藤（矛盾）を書くものだと言います。①出会いをエピソード風に（子ども像を早くもてるように）書く、②実践の課題をどう引き出していったのか（問題行動の中から実践の糸口をどう見つけるか）を書く、③具体的な場面、小さな変化と意味づけ（かかわり、働きかけ、反応）を書く、④変わった子どもの姿を書く。中心的に描かれるべきは、実践者が子どもの課題をどう捉えたかであって、②を中心に子どもの前の姿と後の姿を一貫してつなぐことで、教師の側で働いていた実践的思考を整理していく。その際、「私は」という主語を入れて書くことで、子どもの課題を実践者である「私」がどう捉えたのか、そこに表れる思いや意図を自覚し掘り下げることがめざされます。そうした、実践者である「私」の願いや思考が見えてこそ、読み

ごたえがあり、かつ他者の創造的模倣や省察を触発する実践記録となるのです。本書は、失敗経験の科学的分析と記述という形で、教育実践記録の新しい記述様式を提起するものと見ることもできるでしょう。

(3) 模倣と省察、実践知と理論知を統合する研究的実践

　教師の仕事や成長は、人間としての核となる部分の成熟、教職に関する観や信念の深み（パースペクティブやアイデンティティ）と不可分で、その立ち姿一つにそういったものがにじみ出てくるものです。他方で、子どもに目的意識的に働きかけて学びや育ちを実現しようとする教師の仕事は、技術的な性格をもちますが、それはモノづくりのように手法（スキル）をたくさん知っていて、それを当てはめればうまくいくというものでもありません。人間性と技術性をつなぎ、目の前の子どもや教室に応じて、その場その場で適切に対応したり、判断したり、さりげなく配慮したりする、感性的な敏感さや思慮深い判断力が教師の力量の中核です（コンピテンシー）。

　そうした教師としての技量、臨床的・実践的な判断力はどのようにして磨かれていくものなのでしょうか。それは、スポーツや芸道などの「技」の学習一般がそうであるように、また、本章でも繰り返し述べてきたように、基本的には、「なすことによって学ぶ（learning by doing）」という形を取ります。すなわち、教室の外側で理論を学んで実践に当てはめるのではなく、実践の中で反省的に思考（省察）し、教訓（実践知）を蓄積しながら、実践をよりよいものへと自己調整していくわけです。よって、教師の技量を磨くには、授業の構想・展開・省察の全過程を、教師自身の学習の機会としてどう充実させられるかがポイントとなります。

　また、そうした教師の学びは、同年代や先輩教師たちとの間の、タテ・ヨコ・ナナメの重層的な共同関係の下で遂行されていきます。たとえば、経験の浅い教師にとって、先輩教師（熟達者）たちにあこがれ、それらをモデルとして創造的に模倣するというプロセスは重要な意味をもっています。ここで言う模倣とは、たんに表面的な行動を真似るのではなく、目の前の状況に対して、「○○先生ならば、どこに着目して、どう考えるだろ

うか」と思考し、目指す授業像、および、視線の先に見据えているものや思考方法や感覚を共有することです。そうして実践者としてのものの見方・考え方や現実への向かい合い方を模倣することは、それを徹底するほどに、自分なりのスタイルを構築すること（モデルからの卒業）に行き着くがゆえに、創造的な営みと言えます。

　すぐれた判断を支える実践知の多くは、論理的に明晰には言語化されにくく、具体的なエピソードや、それに伴う感覚や意味づけという形で、暗黙知（感覚的で無意識的な知）として、実践者個人や実践者の間で蓄積されています。こうした、実践共同体に蓄積されている実践知は、あこがれの教師のように日々思考したり、同僚と授業や子どものことについて対話したり、実践記録を読んだり書いたりするなど、生のエピソードや事例（ナラティブ）を介した風景の共有や判断過程の追体験を通して学ばれていきます。

　そうして実践経験やその省察を通して、暗黙的な実践知を豊かにしていく一方で、教科内容、子どもの学習、教育方法などに関する諸理論（形式知）を学ぶことも重要です。理論を学ぶだけで実践はできませんが、だからといって理論を学ばないというのは誤りです。教師たちが自らの実践を支えている論理を自覚化し、より広い視野から実践の意味を理解し、それを語る言葉をもつ。それは、教師の感覚的な判断を根拠や確信を伴ったものとし、実践の変革可能性や柔軟性も準備するでしょう。失敗の先にその本質に気づき、総括し、知識化する際に、理論を学び枠組みや言葉をもっておくことは、語りや自らの実践哲学を豊かなものにするでしょう。このように、教師の学びは、模倣と省察の過程で理論知と実践知を統一する研究的な学びとして遂行されねばならないのです。

おわりに

　最後に改めて、失敗はしたくてするものではないという点を確認しておきたいと思います。冒頭で自分自身の経験として述べたような、失敗を乗り越えたら成長できるという語りは、それなりにその後うまく人生の糧にできた人間が発する強者の語り（後日談としての英雄主義的な語り）であることも多いと思います。失敗を失敗として受け止められないことも多い

ですし、それには勇気が必要です。失敗と認識してもそれをプラスの意味で消化していくのは、それに伴う傷つきが大きければ大きいほど、周りからの支援や見守りや、忘れつつ向き合う時間も必要とするものでしょう。

　生きている以上、特に教職のように不確実性の高い困難な仕事をしている以上、日常的に大小さまざまな失敗的な経験をしているはずです。そして、失敗の裏には程度の差はあれ、自覚しているかしていないかに関わらず、必ず何らかの挑戦があるものです。失敗を失敗として受け止められることは、その裏にある挑戦を自覚することであり、周りがその挑戦に目を向けてくれることで、失敗を失敗として受け止めること、そこと向き合うこと、成長の糧とすることもできるものです。

　失敗や挫折がないと成長しないんだといった、ある種の精神論・根性論でもなく、ネガティブな現場の困難や失敗に気持ちが暗くなるのでもない物語、必ずしも全部ハッピーエンドになるわけではないし、劇的な大逆転なんていう大きな物語はまれな日常であっても、日常の中にあるちょっとした挑戦と挫折とその乗り越えと成長の小さな物語の積み重ねの先に、教師としての仕事のより大きな醍醐味を感じられるようになればと思います。失敗はしたくない、でもそれのリスクもとって日々少しずつ、そして時に大きく、挑戦する経験を積み上げていけること。そこに踏み出す勇気や、そうした挑戦と失敗を引き受けられる場や文化や共同体を多くの学校において作り出していくことが重要です。

引用・参考文献

アージリス，C. 2007「『ダブル・ループ学習』とは何か」DIAMOND ハーバード・ビジネス・レビュー編集部編訳『組織能力の経営論』ダイヤモンド社。

秋田喜代美 1996「教師教育における『省察』概念の展開」森田尚人他編『教育学年報5　教育と市場』世織書房、451-467 頁。

浅田匡・藤岡完治・生田孝至編 1998『成長する教師』金子書房。

石井英真編 2017『アクティブ・ラーニングを超えていく「研究する」教師へ』日本標準。

石井英真 2020『授業づくりの深め方』ミネルヴァ書房。

今津孝次郎 2017『新版　変動社会の教師教育』名古屋大学出版会。

金井壽宏・楠見孝編 2012『実践知―エキスパートの知性―』有斐閣。

Korthagen, F. and Vasalos, A. 2005, Levels in Reflection: Core Reflection as a Means to

Enhance Professional Growth, *Teachers and Teaching: Theory and Practice*, 11(1), pp.47–71.

コルトハーヘン，F.（武田信子監訳）2010『教師教育学』学文社。

ショーン，D. A.（柳沢昌一・三輪建二監訳）2007『省察的実践とは何か』鳳書房。

センゲ，P. M. 他（リヒテルズ直子訳）2014『学習する学校』英治出版。

高井良健一 2006「生涯を教師として生きる」秋田喜代美・佐藤学編『新しい時代の教職入門』有斐閣。

竹沢清 2005『子どもが見えてくる実践の記録』全障研出版部。

田中耕治編 2005『時代を拓いた教師たち』日本標準。

田中里佳 2019『教師の実践的知識の発達』学文社。

藤岡完治 2000『関わることへの意志』国土社。

藤岡信勝 1991『ストップモーション方式による授業研究の方法』学事出版。

学び続ける教育者のための協会（REFLECT）編 2019『リフレクション入門』学文社。

三輪建二 2010『生涯学習の理論と実践』放送大学教育振興会。

メジロー，J. 2012（金澤睦・三輪建二監訳）『おとなの学びと変容』鳳書房。

山﨑準二 2002『教師のライフコース研究』創風社。

山﨑準二 2012「教師のライフコースと発達・力量形成の姿」山﨑準二・榊原禎宏・辻野けんま『「考える教師」―省察、創造、実践する教師―』学文社。

あとがき

　この本を作る上で、多くの失敗指導事例と、その前後の教師の対応や内面を知ることができました。それぞれの事例と背景は異なっているのですが、第一線で活躍されている先生方が自らの失敗をどのように昇華したかを見てみると、大きく二つにまとめることができます。

　一つは失敗の経験を新たな強みとして取り込んでしまう方法です。これは同じ失敗をしないように気をつけるという受動的なものではなく、失敗した指導法の着眼点を変えることで新しいアプローチにしてしまおうという能動的なものです。この考え方に沿えば、失敗をすればするほど手持ちの指導法が増えていくことになります。

　もう一つは失敗すらも想定済みケースの一つとする方法です。これはあらかじめ失敗の可能性を洗い出しておくような繊細なものではなく、少しぐらいの失敗もリカバリーできるという心の余裕が生み出すものです。このような姿勢であれば、多少の失敗であれば周囲も「〇〇先生らしい」と見てもらえることになります。

　このように、失敗しないことは変化も向上も生まず、挑戦しなかったという悔いを残すのみです。他者の失敗に寛容ではない空気があるのは事実ですが、ぜひ失敗込みで挑戦し続けていきましょう。

　今回、執筆する上で様々な悩みや困難を寄せていただいた若手の先生方、そしてそれらの意見を取りまとめてくださった谷口陽一先生に、心より感謝申し上げます。

　皆さんの昨日の失敗が、今日の自分の糧へ、明日の子どもの笑顔へ還元されることを心から祈りつつ。

執筆者を代表して　宍戸寛昌・長瀬拓也

執筆者一覧

■監修

石井英真
京都大学大学院教育学研究科准教授

■編著者 ※執筆順

宍戸寛昌
立命館小学校

長瀬拓也
同志社小学校

■執筆者 ※五十音順

豊田哲雄
大阪府池田市公立小学校

樋口綾香
大阪府公立小学校

樋口万太郎
京都教育大学附属桃山小学校

松井恵子
兵庫県公立小学校

丸岡慎弥
大阪市公立小学校

※ 2021 年 5 月現在

失敗から学ぶ

これからの教師のための思考法

2021（令和3）年7月12日　初版第1刷発行

監修者　石井英真

編著者　宍戸寛昌　長瀬拓也

著　者　豊田哲雄　樋口綾香　樋口万太郎　松井恵子　丸岡慎弥

発行者　錦織圭之介

発行所　株式会社 東洋館出版社

　　　　〒113-0021　東京都文京区本駒込 5-16-7

　　　　営業部　TEL：03-3823-9206

　　　　　　　　FAX：03-3823-9208

　　　　編集部　TEL：03-3823-9207

　　　　　　　　FAX：03-3823-9209

　　　　振替　00180-7-96823

　　　　URL　http://www.toyokan.co.jp

［装　　丁］三森健太

［イラスト］SMILES FACTORY

［印刷・製本］藤原印刷株式会社

ISBN978-4-491-04361-6　/　Printed in Japan